『名将言行録』に学ぶリーダー哲学

川崎　享

東洋経済新報社

はじめに

リーダーたる者としての名将と名経営者

石山 順也

日本における「戦国時代」とは、一般的には15世紀末から16世紀末にかけての約100年間、人によっては1467年の「応仁の乱」から1603年に徳川家康が江戸に幕府を開くまでの、戦乱が頻発した期間を指す時代区分であり、当時の公家たちが古代中国の「春秋戦国時代」の乱世になぞらえて表現したことに由来すると言われている。

「戦国時代」の始まりとされる「応仁の乱」は、室町幕府の管領家である畠山氏、斯波氏の家督争いに端を発したお家騒動が、足利将軍家や細川勝元、山名宗全といった有力守護大名をも巻き込み、室町幕府を東西に二分する大乱へと発展したもので、その騒乱の余波が全国各地に拡大していったのである。

「戦国時代」を加速させた背景には、武家の棟梁である足利将軍家が貴族化し、政を将軍の補佐役である管領に丸投げしたことで室町幕府の権威が失墜したところにあったと思われる。しかも、帝を中心とする朝廷と幕府の二重権力構造が残っており、臣下の者たちにはどちらの指示に従ってよいのか分かりにくい、混迷の時代だったと言えよう。しかし、よくよく歴史を紐解いてみれば、こうした状況は室町幕府に限ったことではなく、その前の鎌倉幕府の時でも、武家による盤石な支配体制はまだ確立されていなかったことが分かる。

源頼朝が「壇ノ浦の戦い」で平家を滅亡に追いやり、1192年に日本で初めての武家政権である鎌倉幕府を創設するが、初代将軍の頼朝が亡くなると幕府の実権は頼朝の妻・北条政子の実家である北条氏に移り、歴代将軍は名ばかりの傀儡トップに祭り上げられ、ナンバー2の北条氏による執権政治が行われるようになり、鎌倉時代の中期から後期にかけては、後鳥羽上皇が公家勢力の復権を目論んだ「承久の乱」や、二度の蒙古の来襲、いわゆる「元寇」による「文永の役」「弘安の役」など、鎌倉幕府を揺るがす大事件が続き、幕府をより疲弊させることになったのである。

鎌倉幕府の失政を改めるべく立ち上がったのが同じく源氏一門で、鎌倉幕府の有力御家人の一人だった足利尊氏であり、尊氏は苦心の末に室町幕府を開くが、それまでの過程では内紛や意見衝突が多発し、尊氏が実権を握った後も後醍醐天皇との対立で「南北朝時代」を派生させるなど、一筋縄ではいかない不安定な政権運営が続くことになる。室町幕府もまた結局は尊氏の理想通りにはいかないまま、鎌倉幕府と同じような轍を踏んでしまったということではなかろうか。

室町幕府の弱体化を睨みながら全国各地で力をつけてきたのが荘園経営を担っていた守護大名や地頭であり、その地位を利して更に勢力を広げる者もいたが、その地位やポジションを奪う形で台頭してきた者もいる。彼らは配下に家臣たちを擁し、それらを糾合して戦闘集団を形成すると同時に、必ずしも幕府の指示には従わず、独自の領地経営を行った。その中から英雄的に出現した一廉(ひとかど)の武士たちを後の人々は「戦国武将」と呼ぶようになったのである。

朝廷や幕府のコントロールが利かなくなった「戦国時代」は、文字通り戦いの連続で、各地の戦国大名同士が自分の領土を拡大するため、あるいは防衛するための攻防戦を繰り返す中、世は乱れに乱れた。そんな「戦国時代」も16世紀後半から17世紀初頭にかけて、織田信長、豊臣秀吉、徳川家康という「戦国のビッグスリー」の登場により「天下統一」という形で終止符が打たれるが、それまでは下剋上、弱肉強食、合従連衡が日常茶飯に行われる、「出口の見えない時代」だったのである。

「出口の見えない時代」と言えば、１９９０年代初頭のバブル経済の崩壊によって景気が悪化して以来、20年以上にわたって低迷したことから、国際的には尊敬を受ける名誉ある地位から脱落し、国内的には社会から活気が消え、人々は自信を喪失して不平不満ばかり抱え、これまで築き上げた社会の規範や価値観が崩壊する混乱した今日の日本に通じる。

度重なる自然災害に加えて、近隣諸国との安定性を欠いた緊張は増す一方であり、更には２０２０年からの世界的な規模で広がった疫病によって、「暗黒時代」が果てしなく続くかのようである。だからこそ、日本は自らの過去の歴史から、新しい時代への「出口」を見付けなくてはならない。

「戦国時代」には、織田信長、明智光秀、武田信玄、上杉謙信、斎藤道三、豊臣秀吉、徳川家康、伊達政宗、真田幸村など、ＮＨＫの大河ドラマでも主人公として取り上げられた有名な人物以外にも、数多の名将が歴史に名を残している。二代、三代で滅亡した短命の家系もあれば代々永きにわたって続いた家もあるが、ここで注目すべきは、彼らが紛れもなく組織のリーダーだったということである。特に興味を覚えるのは、組織に規模の大小はあるものの、いずれも己の命と武士の誇りを賭けて闘う戦闘集団を率いるリーダーであったという点だ。

現代のビジネス社会においても、企業間の戦いが絶えることはない。時代は違えども、中世に生きた彼らが出口の見えない乱世である「戦国時代」を、闘う組織のリーダーとしてどう考え、何を語り、どのようなリーダーシップを発揮して生き抜いたのか。その言動と哲学を探り、学ぶことは、現代のビジネスリーダーたる私たちにとっても大いに参考になるのではないだろうか。

今から75年前、第二次世界大戦の敗戦で日本経済並びに日本の産業界は壊滅的な大打撃を被った。だが、先人たちは決して諦めず、文字通り焦土の中から立ち上がり今日のような経済的繁栄の礎を築いたのである。終戦直後のＧＨＱの占領下、日本政府は基幹産業育成の名のもとに鉄や石炭などの素材産業に傾斜融資（重点集中融資）を行ったが、その恩恵にあずからなかった組立や加工を中心とする製造業は、１９５０年の朝鮮戦争勃発による戦争特需でようやく息を吹き返し、その後は輸出で得た外貨を設備投資に積極的に投入して生産増強を進めた結果、日本は世界に冠たる工業国、貿易立国として発展した。

確かに１９５０年からバブル経済が崩壊する１９９０年までの約40年間は、日本経済にとっての「高度成長期」ではあったが、半面、個々の企業にとっては５００年前の「戦国時代」と同じように、競合他社との間で熾烈な競争を強いられる、まさに生き残りを賭けたモーレツな「淘汰の時代」でもあったのだ。

この間、日本には「戦国武将」ならぬ、スケールの大きな名経営者がキラ星の如く登場する。「経営の神様」と言われた、パナソニック創業者の**松下幸之助**、浜松の町工場を「世界のホンダ」に育て上げた本田技研工業創業者の**本田宗一郎**、独創的な技術開発と市場戦略で「世界のソニー」を築き上げたソニー創業者の**井深大**と**盛田昭夫**のコンビ。毛色の変わったところでは複写機からカメラ、事務機、ファッション、石油、ホテルまで手掛けたリコー三愛グループ創始者の**市村清**、ファスナーで一世を風靡したYKK創業者の**吉田忠雄**、父親から引き継いだ製薬会社をベースに、オロナイン、オロナミンC、ボンカレーなど多くのヒット商品で一大グループを築き上げた、大塚グループ創始者の**大塚正士**、チキンラーメンやカップヌードルの開発でインスタント食品の覇者となった日清食品創業者の**安藤百福**、インパール作戦から奇跡の生還を果たし、復員後は平和の象徴として「女性を美しくする」を事業方針の柱に据え、初の日本女性用ブラジャーを開発するなど女性下着の普及に尽力し、世界有数の女性用下着メーカーを築いたワコール創業者の**塚本幸一**、東大在学中に輸入商社を設立し、「ユダヤ商法」を自認する独特の経営センスでアメリカ発祥のハンバーガーチェーンを日本に定着させた日本マクドナルド創業者の**藤田田**、姫路の裕福な実業家の次男に生まれ、銀行勤務や留学を経て家業を継いだ後は進取の気性で積極的に新規事業にチャレンジし、1960年代後半には日本青年会議所の会頭を務めるなど、若手経営者の旗手として活躍したウシオ電機創設者の**牛尾治朗**、それまで主流だった外国製品の牙城を切り崩し、日本の生理用品、紙オムツ市場を制覇したばかりでなく、後継社長の育成にも成功したユニ・チャーム創業者の**高原慶一朗**、ファミリーレストランの先駆者である、すかいらーく創業者の**茅野亮**などなど。

創業経営者以外にも、石川島播磨重工業の社長、会長を務め、東芝の再建社長や経団連会長としてらつ腕を振るった「財界の荒法師」こと**土光敏夫**、八幡製鉄と富士製鉄の世紀の合併を実現し、当時世界一の鉄鋼メーカーを誕生させた元新日鉄名誉会長にして元日本商工会議所会頭の**永野重**

雄、豊富な人脈と卓越した調整能力で各業界の様々な問題を解決し「財界の鞍馬天狗」の異名をとった元日本興業銀行相談役の**中山素平**、同じく財界のまとめ役として力を振るい「財界の官房長官」「財界の幹事長」と評された元日本精工社長の**今里広記**、戦後の財閥解体で三井本社が解体され、その財産管理会社にすぎなかった弱小の不動産会社を三菱地所と並ぶ業界最大手に引き上げる一方で、三井系企業の社長会である「二木会」の中心メンバーとして三井グループの再結集に貢献した元三井不動産社長・会長の**江戸英雄**……。

更にはトヨタ自動車の創立者である従兄の**豊田喜一郎**の下で国産自動車の開発に携わるなど同社の創業期から技術者として支え、1960年代以降はモータリゼーションの爆発で軌道に乗った同社のトップとして量産体制を敷く一方で徹底した無駄排除の「トヨタ生産方式」を確立し、更には敗戦で分離していた工販合併を実現するなど、同社を世界有数の自動車メーカーであると同時に日本を代表する超優良企業に育て上げたトヨタ自動車5代目社長の**豊田英**二、その英二社長の下で「かんばん方式」として有名なトヨタ特有の生産管理の在り方を体系化すると同時に実践し、「トヨタ生産方式の育ての親」とか「改善の神様」と言われた元トヨタ自動車工業副社長の**大野耐**一、父親の**慶太**から引き継いだ事業を近代的に整理、再編し、電鉄会社、航空会社、百貨店、ホテル、観光会社、リゾート開発、広告事業、ファッション事業などからなる巨大な東急グループの総帥として活躍した元東京急行電鉄社長の**五島昇**、その東急グループのライバルである西武グループの総帥・**堤康次郎**の長男に生まれたものの、父との確執からグループ総帥の座は弟の**義明**に譲り、自らは百貨店経営の傍ら、小説家、詩人としても活躍した元西武流通グループ・セゾングループ代表の**堤清**二などである。

以上の昭和の経営者を敬称略で思いつくままに挙げただけだが、他にも日本の経済史に名を残した名経営者は大勢いたであろう。

「昭和の名経営者」たちが活躍した業種、業界、分野は様々で、その背景にある事情や動機も、リーダーとして率いた組織の規模や戦闘能力もそれぞれに異なるが、この経営者たちに共通する原動力の源は、間違いなく祖国復興への熱い思いと、欧米先進国に「追いつき、追い越せ」という闘争心だった。昭和が終わり、21世紀に入ってからは、昭和の名経営者のように政界にも影響力を持ち、かつ業界を越えた幅広い人脈や深い教養を備えたスケールの大きいビジネスリーダーがめっきり減ってしまった。

バブル経済が崩壊した1991年から今日までの約30年間は、途中でリーマンショックのような世界規模での大きな経済恐慌が起きた影響もあるとはいえ、「失われた30年」と言われる程、日本経済の低迷が続いた時代である。ITやインターネット関連企業の台頭はあったものの、かつて世界から「Japan as No.1」と称賛された製造業の勢いは陰りを見せ、製造業ばかりでなく、多くの日本企業が国際競争力を減じ、そうした経済低迷に伴って世界における日本の地位、ポジションは著しく低下している。誠に残念なことである。

「戦国時代」の後の「江戸時代」に目を向けてみると、三代将軍の家光や八代将軍の吉宗など、名君と言われる手堅いトップリーダーが時折生まれることはあっても、「戦国武将」に匹敵するような個性豊かでカリスマ性を持った魅力的な将軍は現れなかった。

乱世でなければスケールの大きいリーダーは生まれないのか。ハングリーな時代でなければ名経営者は生まれないのか。その相関関係については何とも言えないが、次の時代を担う若いビジネスリーダーには是非、未来に向けて新たなビジョンを描けるようなスケールの大きい経営者に育って頂きたいと心から願っている。

今の時代は「戦国時代」のような乱世でもなければ、「江戸時代」のような太平の世でもない。敢えて表現するならば、「太平の中の乱世の時代」とでも言えるだろう。「創業は易く守成は難し」という言葉があるが、現実のビジネス社会に身を置いてみれば、「創業は難く、守成は更に難し」ということが骨身に染みて分かってくる。昭和の名経営者を輩出した「高度成長期」と比べれば、今はゼロからの出発ではなく、その点では恵まれているが、先人が残した業績や先人が築いた土台の上に立っての企業活動であるだけに、かえって難しい面も多々あることは否めない。そんな時代に生きる組織のリーダーたらんとする私たちは、「戦国武将」のような気概と覚悟を持って企業社会の熾烈な競争に勝ち残っていきたいものである。

最後に、著者の川﨑享さんが社長を務める株式会社エム・アイ・ピーと、日本の製造業の一業種一社で構成される、世界でも稀なる業際集団「ＮＰＳ研究会」について触れておきたい。

１９７０年代後半、「トヨタ生産方式」（ＴＰＳ）に触発された当時の若手経営者たちが「ＴＰＳは自動車だけの生産方式ではない。あらゆる業種に応用できる普遍的な経営思想である」と据え、勉強会を立ち上げたが、その勉強会をベースとして１９８１年１月に創設されたのが「ＮＰＳ研究会」である。「ＮＰＳ研究会」はトヨタ生産方式を源流とする自社改善のための企業集団であり、

「経営効率の向上」と「人財育成」の二つを活動の主な目的として、会員企業同士が日々切磋琢磨する形で社内の改善活動に取り組んでいる。その「NPS研究会」の活動の企画、運営、支援などを担っている運営母体が株式会社エム・アイ・ピーであり、会員会社との強固な信頼関係を背景に40年以上の歴史を積み重ねてきた。

「NPS研究会」はトヨタ生産方式の創設者である大野耐一を初代最高顧問とし、その右腕としてトヨタ生産方式をトヨタ社内やトヨタのグループ企業に展開する際の現場指導の責任者であった鈴村喜久男を初代実践委員長として発展した集団であり、川﨑さんはその鈴村委員長の鞄持ちを務めた最後の弟子である。

川﨑さんのお父上が「NPS研究会」のメンバーである電機メーカーの経営者であったことから、川﨑さんは学生の頃からお父上に連れられて、先に列記した昭和の名経営者の方々のみならず実に多くの優れた日本の経営者と接する機会に恵まれた。奇縁によって「NPS研究会」の運営に参画された川﨑さんには、かろうじて日本製造業が世界において君臨した時代の息吹に触れていることから、低迷した現在を生き抜いて次世代に伝えるなにがしかの役割が与えられているのかも知れない。

エム・アイ・ピーの社外取締役を長年にわたって務められ、「NPS研究会」の重鎮としてその発展に尽力された茅野亮・すかいらーく元会長や、牛尾治朗・ウシオ電機元会長の盟友にして「NPS研究会」の創設者の一人である木下幹彌・エム・アイ・ピー前会長が、「後世の日本にモノづくりの経営思想を残すことを使命とするNPS研究会」の次世代のリーダーとして川﨑さんを指名したことは、日本の経営者魂を未来に伝えるリレー走者としてバトンを託したということであろう。「NPS研究会」に所属する会員会社の社長たちは、いずれ劣らぬ優秀な経営者ばかりである。縁あって「NPS研究会」の広報活動に20数年来関わってきた私は、戦国時代の「名将」たちを友のように良く知る川﨑さんが、現代の「名経営者」たちとの交流を通じて、その生き証人として後世まで語り継いでくれることを願って止まない。

石山 順也　昭和27年、宮城県生まれ。『週刊朝日』『月刊現代』記者を経て、経済評論家・梶原一明氏に師事。その後『週刊サンケイ』経済欄担当を経てフリーライター。1997年からNPS研究会の広報誌『THE NPS NEWS』の編集担当も手掛ける。20万部を超えるベストセラーとなった『アサヒビールの挑戦』(日本能率協会、1987年)をはじめとしてビジネス専門書多数。

『名将言行録』に学ぶリーダー哲学◉目次

目次

3 成果を高めるにはどうすべきか

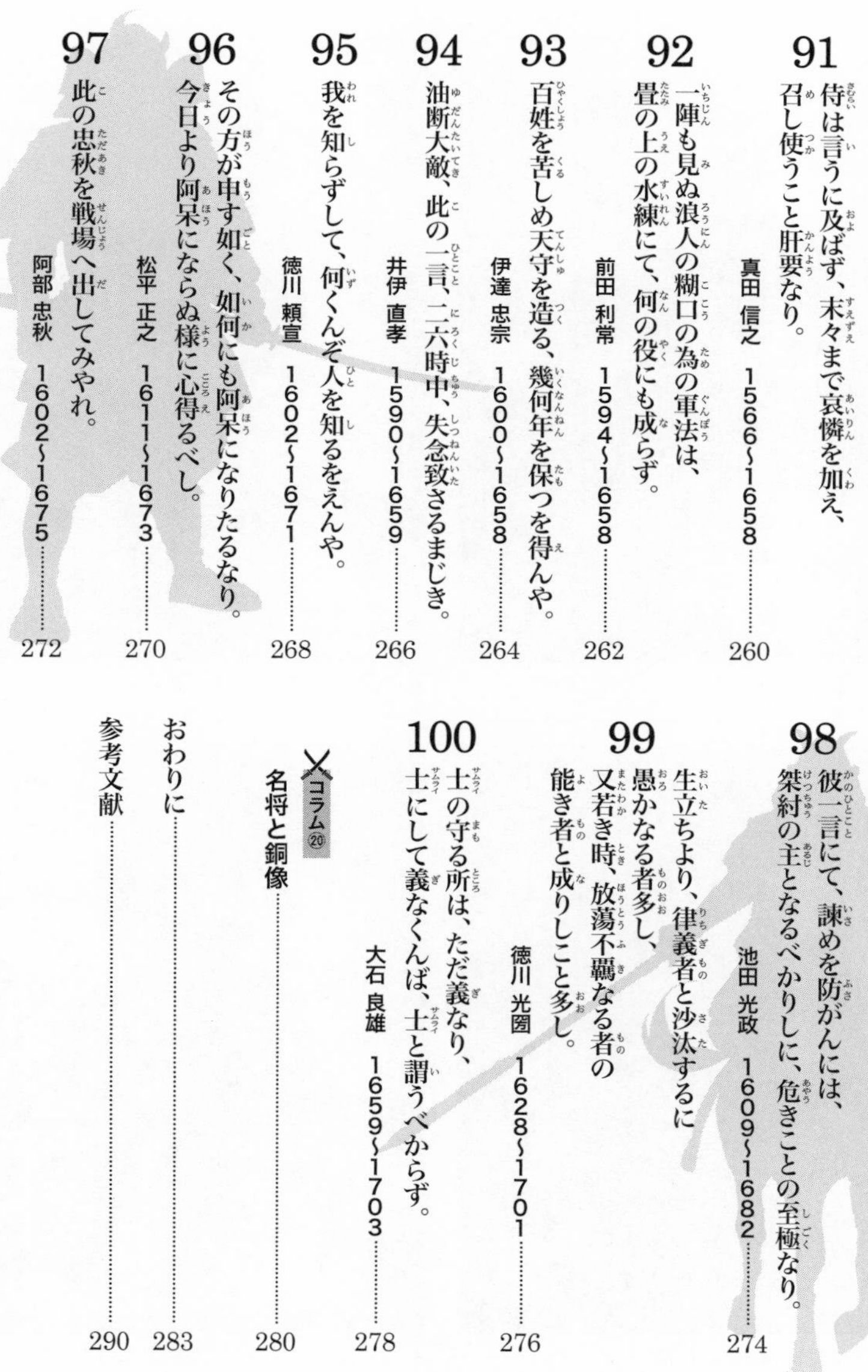

▲太田道灌（東京都荒川区・日暮里駅前）

▲北条早雲（神奈川県小田原駅前）

▲織田信長（愛知県清須市・清洲公園）

▲尼子経久（島根県安来市広瀬町・三日月公園）

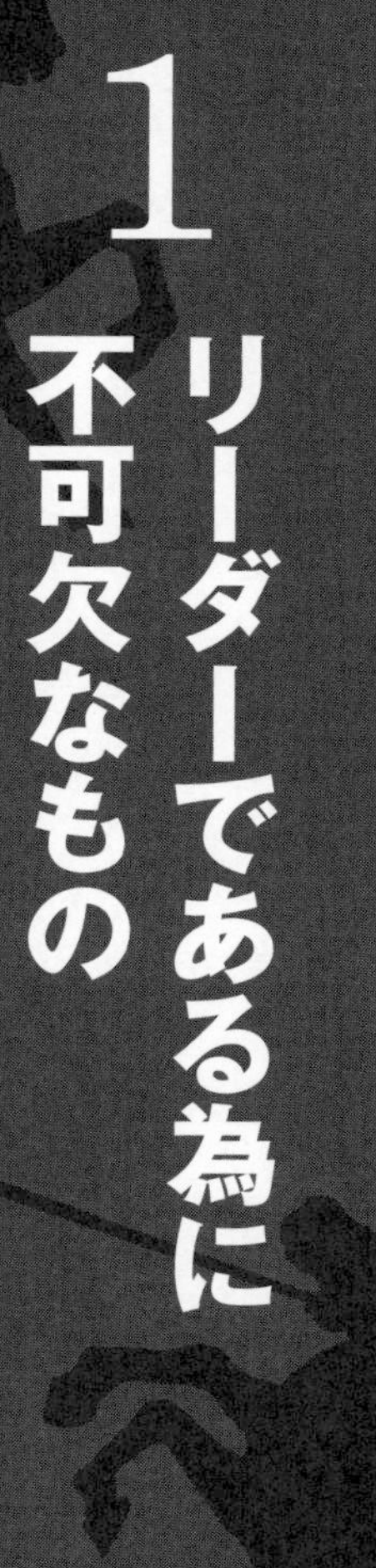

1 リーダーである為に不可欠なもの

01

謙虚さを持って組織に貢献する

かねてなき身と思い知らずば。

【太田 資長 1432~1486】

500年以上前、東国の片田舎であった江戸を開発した**太田備中守資長**は、関東管領・扇谷上杉氏の家宰、つまり「上杉株式会社」のCEO代行で、その実力はトップを凌ぐ程でした。資長は出家後の**道灌**という名で知られていますが、生涯三十数度の戦で一度も負けたことの無い第一級の武将でした。また和歌に通じた教養人でもあり、文武両道のリーダーたる者として、その名は遠く都にまで鳴り響きました。

道灌は築城の名人としても知られ、江戸、岩付（岩槻）、河越（川越）の城は「道灌の三大名城」として、今日でもその名残が見られます。更に関東地方だけでも、道灌に所縁ある地が200ヶ所以上もあることから、昔から絶大な人気が道灌にあったことが窺えます。

道灌は子供の頃から利発で、大人になってからも自分自身の能力を隠すような謙虚な態度からは無縁で、自信に満ち溢れていました。自分の力のお陰で主家の扇谷上杉家は繁栄を保ち、関東を平和に治めることができるという自負は極めて強く、空気を読まないタイプでした。

そんな道灌の日頃の言動に主人である関東管領・上杉定正は、「下克上」を恐れ、相模糟屋（神奈川県伊勢原市）の上杉館に招き、宴会の前に風呂を勧めて丸腰の道灌を湯殿で暗殺しました。

中文 我早就准备好了随时死去。

その際、道灌が和歌の巧みなことを知っていた暗殺者は、道灌を槍で突きながら、

——かかる時さこそ命のおしからめ（こんな状況になってさぞ、命が惜しいであろう）。

と和歌の上の句で詠み掛けると、道灌が応えた下の句が本項フレーズです。

「ずっと前から死んだ身と覚悟しているので、今さら命など惜しくない」と言い放った訳です。

常日頃から自らの死をイメージして、いつでも戦場で倒れることを潔しと覚悟していたリーダーたる者の道灌は、ジタバタするような見苦しい態度は見せませんでした。この逸話は、日本の武士道を世界に喧伝した新渡戸稲造の『BUSHIDO』の中で、士の潔さの鑑として、世界にも広く紹介されています。

道灌は刺客に襲われた際、**「当方滅亡！」**とも叫びました。組織を支える自分がいなくなれば、扇谷上杉家に未来はないという予言です。如何に才気に溢れ、実力があって組織に貢献しても「能ある鷹は爪を隠す」ような姿勢を保たねば、トップに妬まれて排除されてしまう実例になりました。現代の企業活動において、殺されることは稀ですが、実力派の№2がオーナー社長から子会社に飛ばされたり、突然にクビにされたりすることは日常茶飯事です。

▲太田道灌の墓
（神奈川県伊勢原市・大慈寺）

トップは優れた人財を妬まずに信頼して使うことが求められますが、信頼されている側も自分の才や功をひけらかさないで、トップや仲間から嫉妬されないように、常に気を配ることが必要です。どんなに実力と覚悟を備え、組織に大いに貢献したとしても、謙虚さが無ければ、道灌のように足をすくわれてしまうというのが日本の組織です。

英文 I have already prepared for dying at any time.

02

地道な努力を忘れるな

人は影の勤と云うこと肝要なり。

【北条 長氏　1456~1519】

下位の者が力によって組織のトップの地位と権力を奪う「下克上」は、社会の変革期に、新興勢力の台頭によって起きるシャッフル現象です。

一介の素浪人から小田原城主にまで大出世し、「下克上」の代表と長く信じられていた北条早雲は、新史料の発見などによって、室町幕府の足利将軍家の執事である伊勢氏の一族で、幕府のエリート官僚であったことが明らかにされています。

後に出家して早雲庵宗瑞と名乗った**伊勢新九郎長氏**は、息子の氏綱が早雲の死後に、鎌倉幕府執権の北条氏にあやかって改姓した為に長らく誤解されていましたが、早雲自身は生涯において「北条長氏」または「北条早雲」と名乗ったことは一度もありません。

応仁元（1467）年に始まる大乱によって日本全国でゴタゴタが起こった**「応仁の乱」**の中、文明8（1476）年に駿河守護の今川義忠が遠江で遠征中に戦死してしまいます。その後継者問題や隣国との軋轢によって経営破綻寸前の今川氏の建て直しの為に、姉が義忠の正室（妹で側室説もあり）であった早雲が、謂わば管財人として幕府から駿河へ派遣されました。早雲はこれを手際よく見事に解決し、若き当主となった甥の氏親の後見人となります。

中文 凡事需尊重对方的喜好，不要强加自己的意志于他人。

伊豆との国境近くの興国寺城を与えられた早雲は、足利茶々丸が反乱を起こすと、その間隙を突いて伊豆を攻略し、更に相模小田原城を電撃作戦（古代中国・斉の田単の戦法を真似て、千頭の牛の角に松明を括り付けて突撃した）で占拠して、城主の大森藤頼を追放します。伊豆と相模の2ヶ国を平定した早雲は、更に房総半島へも進出を試みます。

室町幕府と守護の今川氏をバックにして一国一城の主となった早雲は、現代に置き換えてみれば、官庁や銀行の若手エリートが地方の有力企業に派遣され、大企業やファンドから支援を受けながら、建て直しに成功したという感じでしょうか。更に早雲は、任された子会社を大きくし、MBOして自らがオーナーとなり、他社を買収して一大企業グループを築き上げた辣腕経営者と考えれば、かなりのマネジメント力の持ち主です。

早雲が中国古典の『六韜三略』の講義を受けた時、

——夫れ主将の法、務めて英雄の心を攬る。

「トップにとってマネジメントの要諦とは、リーダーたる者の心を掴むことである」という一節を聴くや早雲は、その真理を一瞬で理解して、残りの講義は無用と言い切ったそうです。

▲北条長氏の墓
（神奈川県箱根町・早雲寺）

晩年に早雲は組織で働く若者の為に、「二十一ヶ条」の教訓を残しています。そこには地道に努力することの大切さがしつこく書かれていますが、早雲自身の若い頃からの心掛けだったのでしょう。また早雲の口癖であった本項フレーズから、人目に付かぬところでの努力、裏方の仕事を厭わないことを早雲が重視していたことが窺えます。

英文 Do not impose your own intention on others and just defer to the preference of your partner as much as possible.

マネジメントの本質を知る

03

我、早や合戦の道よりして、治国の法、皆この四字に尽すことを知れり。

【尼子 経久 1458～1541】

戦国時代に「下克上」の先駆けを成した東の横綱と言えば、前項の北条早雲ですが、西の横綱と言えば、**尼子伊予守経久**でしょう。室町幕府三代将軍・足利義満の時、京極高詮が出雲守護に任命されると、その代行の守護代に弟の尼子高久がなりました。その四代目の守護代が経久です。守護の京極正経の京屋敷で人質として5年間を過ごした経久は、出雲へ帰国を許されて父の後を継ぎます。月山富田城を本拠とする経久の領地は、僅か700貫でしたが、知勇兼備で人望もあり、地元勢力に担ぎ上げられて守護と対立する程の力を得ます。

しかしながら、文明16（1484）年に守護の正経によって守護代をクビになって追放された経久は、諸国を放浪して辛酸を舐めます。チャンスを待って雌伏し、数年を経て月山富田城を急襲して守護代に返り咲き、やがて京極氏から出雲を奪取して「下克上」を果たしました。

経久が未だ若い頃、学識ある僧侶を招いて次のように尋ねました。

――子供の頃、習字の先生から『剛柔虚実』という文字を教えられ、何度も練習させられたものだが、この四字の意義について教えて欲しい。

中文 我年轻时历经百战，得知治国之要领全在这四个字：刚，柔，虚，实。

僧侶は文字の由来や意味について説明しようとすると、「理屈は結構」と遮った経久は、

——ただ剛とは柔の末、虚は実の元ではないのか。

と問い質します。「まさにその通りでございます」と僧侶の答えを聞いて満足した経久は、僧侶に謝礼を与えながら、本項フレーズを述べました。戦争であっても政治であっても、組織のマネジメントに際しては「剛柔」と「虚実」のバランス感覚こそが最も重要であるという訳です。

苦労人であった経久は領民を大切にし、優れた人財を厚遇して力を得て、出雲、隠岐、因幡、伯耆の4ヶ国を平定するまでになります。更に経久は周辺諸国に強い影響力を持ったことから、山陰山陽の諸勢力から「十一ヶ国の太守」と仰ぎ見られる程になります。

早くに長男を失った経久は80歳まで現役で、孫の晴久が23歳になってからトップの座を譲ります。若くて血気に逸る晴久は、尼子氏に従う勢力の中で目障りだとして、安芸吉田の毛利元就を討伐しようとします。経久は前々から元就の器量を認めていましたので、

▲尼子経久の墓（島根県安来市・洞光寺）

——彼を知り己を知るは兵の道なり。

経久は『孫子兵法』の一節を引用して晴久を諭しますが、血気に逸る若き晴久の耳には届きませんでした。

天文10（1541）年、晴久は大軍で元就の居城を攻めますが、撃退されて月山富田城へ逃げ帰ります。その知らせを聞いてまもなくして、経久は亡くなりました。

英文 As I participated in a battle from an early age, I came to conclude that these four words are elements of management: hardness, flexibility, fake and truth.

04

大義名分のもたらす求心力

吾、将に神に代りて罰を行わんとす。

【北条 氏綱 1487〜1541】

父である初代の北条早雲の偉業を継ぎ、息子である三代目の氏康の代に関東を制覇する基盤をつくったのは、偏に二代目の北条左京大夫氏綱の功績にあります。戦国時代のみならず日本史上においても、最も優れた二代目と言っても過言ではありません。

天文10（1541）年に55歳で亡くなる際、嫡男の氏康に残した「五ヶ条の戒め」を記した遺言状を見れば、氏綱自身のトップとしての優れた器量が窺えます。それは次の通りです。

一、**義を大事にせよ、**二、**士や民を慈しんで適材適所で用いよ、**三、**驕らず諂わず分相応を心掛けよ、**四、**倹約に努めよ、**五、**勝って兜の緒を締めよ。**

後に五ヶ条目の「**勝って兜の緒を締めよ**」は、徳川家康が心掛けた言葉として知られています。

伊豆と相模の2ヶ国を平定した父の後を継いだ氏綱は、武蔵、下総へ侵攻して勢力の拡大に成功します。戦乱の合間の天文4（1535）年には都に上って、従五位下・左京大夫の官位官職を得て、北条氏への改姓を朝廷に正式に認められます。鎌倉幕府の執権職にあった北条氏のように、関東一円の静謐の為に尽くせというお墨付きを得た訳です。

大事業をなす為に組織をまとめて勢力を拡大する時には、いつの時代にも大義名分は最も必要

中文 我将代替神灵施于惩罚。

なものです。目的を明確にすることで、求心力が生まれるからです。室町幕府の東日本支社長ともいうべき鎌倉公方の足利氏、その代行の関東管領の上杉氏といった旧体制派の大勢力に対して積極的に攻勢に出て、氏綱は武蔵の江戸城、岩付城、松山城などを攻略します。

一時は関東管領の上杉氏、鎌倉から古河（こが）（茨城県古河市）に逃れた足利氏に呼応した甲斐の武田氏や上総や安房の豪族らによって、氏綱は四面楚歌に陥りますが、時間をかけてそれぞれと和睦し、攻め滅ぼして勢力を拡大していきます。従兄である今川氏親が亡くなり、駿河の今川氏で相続争いが起こった際、氏綱の支援によって義元が今川家の家督を継ぎます。

しかしながら、今川義元は北条氏の大敵である甲斐の武田氏と関係を強化したことから、氏綱は河東（かとう）（富士川より東の駿河）を占領し、今川氏との関係を解消して独立した戦国大名となります。つまり代替わりのどさくさに紛れて、父の代からの出資関係を解消して、親会社のコントロール下から脱し、独自の企業集団の形成に成功した訳です。

▲北条氏綱の墓
（神奈川県箱根町・早雲寺）

大永6（1526）年、足利義明（あしかがよしあき）と里見義豊（さとみよしとよ）の連合軍が数百隻の軍船で鎌倉を攻め寄せ、関東武士の象徴である鶴岡八幡宮を略奪して放火します。それを知った氏綱が激怒して本項フレーズを発して、神掛かった勢いで義明、義豊を大いに破りました。

この後、氏綱は自らの関東支配の正当性を確保する為、戦火で焼失した鶴岡八幡宮の再建という大事業を通じて、関東の政治的トップリーダーとしての地位を揺るぎのないものにします。行動の根拠や口実となる大義名分を掲げてトップマネジメントを行うことは、現代においても必要なことです。

英文 I will give punishment on behalf of God now.

05

孤高の人生を全うする

我、死せば、一里塚同様に築き、塔婆も立つ可からず。

【長野 業正 1491～1561】

「箕輪の城には立派な武将がいて、生きている間は落城しなかったんですよ」と高崎駅から乗るタクシーの運転手が誇る程、**長野信濃守業正**の武名は今日まで語り継がれています。

上野国は関東管領の山内上杉氏の領国で、筆頭幹部の長尾氏が守護代を務めていました。戦国時代の半ば頃から上杉氏と長尾氏が衰退すると、頭角を現したのが国人（地元中小領主）の長野氏です。領民を慈しむ人格者で智勇を兼ね備えた業正は、自分の12人の娘を近隣の城主に嫁がせるという婚姻政策で、強固な箕輪衆という組織をつくり上げて、上野国を虎視眈々と狙う武田信玄に対抗します。信玄は1万を超える大軍を箕輪へ送り込みますが、業正に幾度となく撃退をされ、業正が生きている限りは上野攻略は困難と断念しています。

関東の国人衆が次々と北条氏康に降る中、業正は斜陽の上杉氏を見放しませんでした。上杉憲政が関東管領職を越後の長尾景虎に譲り、その景虎（後の謙信）が関東に出兵して来た際、業正は箕輪衆と厩橋衆という国人の二大武士団を率いて参陣します。外部からヘッドハンティングされたトップの謙信にも変わらずに仕えたのは、業正と太田資正の二人だけでした。

業正は隣国信濃の真田幸隆が頼って来た時には、客将として厚遇します。やがて信濃平定を目

中文 我死后，就如立里程碑一样埋葬就好，无须墓碑。

指す信玄は、旧領回復を願う幸隆を招きます。その誘いに応じたい幸隆は、業正を裏切ることに悩み、病気を理由に屋敷に引き籠ります。その事情を察した業正は、

「今回の病は普通の薬では治らない様子、今すぐに甘楽峠を越えて良薬を探しに参られよ」

と良馬を与えて幸隆を追い立てます。やがて家財を満載した馬を連れて、妻や家来たちが追い掛けて来ます。武田領へ入ってから開封するようにと、業正から託された手紙を開けてみれば、

「武田信玄は若いが優れた弓取りだが、箕輪にワシがいる限り、碓氷川を越えさせない」

と記されていました。全てお見通しだった業正の好意を知り、幸隆は自ら率直に転職を申し出なかったことを恥じたそうです。幸隆は信玄の許で活躍して武田家の重臣となった後、病に伏せた業正を訪ねて来ます。その来訪を予想して待ち構えていた業正は、

「信濃も信玄に取られた。上野も取られるであろうから、ならば気心知れる貴公に進ぜよう」

と言って攻略方法を密かに伝授します。しかしながら業正は息子の業盛に対して、

「ワシの死後は墓は簡素にして供養はいらない」と本項フレーズを述べる一方で、

「決して降伏せず、運が尽きれば潔く討死するのが、何にも勝る供養」と遺言します。

永禄9（1566）年に信玄は2万の大軍で箕輪城を攻め、懸命な抵抗虚しく、衆寡敵せずに19歳の業盛は見事に一族と共に自害しました。

台頭する新興勢力に屈せず、己の名を惜しむことを第一とする生き方に、リーダーたる者の美しく誇り高い哲学があり、それ故に時代を超えてその名が残されることになります。

▲長野業正の墓
（群馬県高崎市・長純寺）

英文 If I die, bury me in a grave similar to a milestone. Don't build any grave marker at all.

現地の情報に接することの意味

06

参河より東は大方一つなり、尾張より和泉は是又一つなり、四国中国九州は大方同じで、筑紫の奥は陸奥に似たり。

【山本 晴幸 1501～1561】

山本勘助晴幸の実在については長年怪しまれていましたが、近年になって同時代の手紙や感状、日記などの所謂「一次史料」の中で、武田信玄の近習としてその名が確認されました。日本には「軍師」というものはそもそも存在しなかったという指摘がありますが、そのものズバリの職名は無くとも、腕力でなく知力で活躍する人間はいつの時代にも存在し、組織のトップにとって知恵袋となる優れた参謀役がいたことは疑いないでしょう。

勘助は容貌が良くなく身体も不自由であったことから、就職に苦労しました。馬上で槍を奮ったり、太刀を持って舞うように一騎打ちをしたり、前線で戦うことはできませんでしたから、戦国時代ではその智略を活かすしか、立身出世の道はなかったのです。

更に勘助は身分ある武士の家に生まれた訳でもないことから、父祖代々仕える主君がいないという大きなハンディもあり、現代とは違ってその生存が危ぶまれるくらいの厳しい環境にありました。しかしながら見方を変えれば、実は仕事や勤務先の選択の自由があったことになります。つまり固定観念や陋習から解放されていた勘助は、「臨機応変」で柔軟な思考を持つことができ、

中文 三河以东，看似一国。从尾张至和泉，又似另一国。四国中国九州风土相近，筑紫深处又似陆奥。

自らのハンディや逆境をポジティブに変えた意志の持ち主という訳です。

『**名将言行録**』での勘助についての記述の正確さには、批判がありますが、その内容を信ずるならば近江に生まれ、26歳の時から諸国を放浪して仕官先を探しながら有名な古戦場や古城跡などを巡り歩いたそうです。この時代ですから旅籠（はたご）などでなく野宿でしょうし、寺に泊まることができた時などは、僧侶たちから地元の歴史や諸事情も含めて見聞することができたはずです。

マスメディアの発達した現代においても「現地現物」に触れる旅は、心に刺激や感銘をもたらしますが、勘助の生きた時代であれば、旅の醍醐味は限られた者しか得られず、またそこで蓄積される情報は、極めて貴重であったことでしょう。抜群の記憶力と巧みな話術があれば、各地の有力者は「会って話を聞いてみるか」と面談が叶うこともあったかも知れません。

勘助は将軍足利義晴（あしかがよしはる）をはじめとして、毛利元就（もうりもとなり）、大友義鑑（おおともよしあき）、伊達稙宗（だてたねむね）、佐竹義篤（さたけよしあつ）、上杉憲政（うえすぎのりまさ）、北条氏綱（ほうじょううじつな）、今川義元（いまがわよしもと）など、日本中の有力戦国大名と面談したと豪語しています。多少の眉唾はあるでしょうが、少なくともそれらの組織の人間や雰囲気に触れる機会があったに違いありません。

▲伝・山本勘助の墓
（長野県長野市松代町）

武田信玄から尋ねられて、上杉憲政の組織のデタラメ振りや今川義元の組織の雰囲気について勘助は詳しく説明しています。勘助は日本全国を旅して、その地域の大まかな風土や人の様子について、本項フレーズで語っています。愛知県の東半分から本州の北はだいたい同じで、名古屋から大阪までは一つの文化圏、そしてその西は同じで、鹿児島と東北は共通点があると指摘しています。現代の文化圏とあまり変わらないのが驚きです。

英文 The east is almost one state from Mikawa Province. Provinces from Owari to Izumi consist of almost one state. The regions of Shikoku, Chugoku and Kyushu have a common nature and atmosphere. The deep area of the Chikushi region is similar to the dead-end of Mutsu Province.

07

組織を支える自己犠牲の精神

我は屋形の厚恩の者なれば、真先に進みて討死をせん。屋形の大事と言わん時は、

【武田 信繁 1525~1561】

織田信長も伊達政宗もトップとしての地位を確固たるものとする為に、自らの手で弟を成敗していることはよく知られています。「家」という組織の為に骨肉の争いがあるのは、何も戦国時代だけでなく、大昔から今日まで数多くあります。特に敵となれば血を分けた兄弟以上、手強い相手はいませんが、味方となればこれに勝る頼もしい存在はありません。

戦国時代の兄弟コンビで最も成功したのは、豊臣秀吉・秀長であることに異論はないでしょうが、島津義久・義弘、吉川元春・小早川隆景などもかなり良い線を行っています。弟が「**川中島の戦い**」で37歳で戦死せずに、もう少し長生きして活躍していれば、秀吉・秀長兄弟を凌駕したであろうと思われるのが、武田信玄・信繁兄弟ではないでしょうか。

信玄には「武田二十四将」と呼ばれた優れた幹部たちがいましたが、これは信玄が好んで言ったという「**人は石垣、人は城、人は堀**」の集団、つまり組織全体で力を発揮する強力なトップマネジメント・チームが存在していたということです。ちょっと聞けば、個々の人間は弱くとも、集団となれば力を合わせて強くなることを狙ったと思われがちですが、信玄の組織では幹部一人

中文 领袖有恩于我，领袖谋大事，我愿冲锋陷阵，战死不悔。

ひとりも抜群の力量を備えていたので、「武田軍団」は天下無敵の戦闘集団でした。

武田のこの体制（システム）を支えた最大の功労者は、トップの肉親ということに驕らず、自己犠牲とも言うべき姿勢で、あくまでも組織の一員としてトップを支えた**武田典厩（てんきゅう）信繁**でした。本項フレーズには、まさに信繁の組織における明確な方針が示されています。また信繁は、**「何事につけても、常に堪忍の二字を忘れてはいけない」**と日頃から心掛けていたそうです。

源頼朝・義経や足利尊氏・直義の両兄弟の失敗から学んだのか、信繁は常にトップである兄を立て、自らは裏方に回りながらも、その武功は組織の中で第一級でした。そして何よりも、そのことを全く誇ることがなく、常に控えめな態度の信繁ですが、自身が組織のトップとなっても全くおかしくない能力の持ち主であったことは、次の言葉からでも窺い知ることができます。

「家に仕える小者に対して、慈悲の心が肝要である。家来が病で苦しんでいる時は、たとえ面倒でも、心を込めて助けてやれ。彼らの身を自らの喉の渇きのように思え」

人間の命が現代の日本と比べようもなく軽かった戦国時代において、高い身分に生まれながらも、足軽のような低い身分の者にまで気遣っていたリーダーの存在は、驚きの一言です。

▲武田信繁の墓
（長野県長野市・典厩寺）

信繁が嫡子に残した九十九箇条の『武田信繁家訓』には、『論語』をはじめとする中国古典からの引用が多くあり、自らの官名である左馬助（さまのすけ）を典厩と唐名で呼んでいることでも、信繁の教養の高さが窺えます。さすがは『孫子』出典の「風林火山」のスローガンを持つ武田家の一員です。この信繁の家訓は、江戸時代を通じて武士の心得として長く伝えられました。

英文 As I am a person showing favour to my leader, I am ready to charge at first and die for my leader at the most critical moment.

08

支えを欠いたトップは弱い

植えたる木に、副木結ばぬならば、少し風も当たられて、枯んこと疑いなし。

【三好 長慶 1522〜1564】

足利将軍や細川管領から権力を奪取して、「下克上」を成し遂げ、近畿を統一して「日本副王」とも呼ばれた**三好修理大夫長慶**は、織田信長の祖型であったとその偉業が近年に再評価されています。当時の人々は「天空の北極星」や「泰山（中国の富士山）」を仰ぎ見るかのように長慶を尊敬していたそうで、26歳の信長が少人数で上洛した際、12歳上の長慶に面会を申し入れて果たせなかったこともあり、信長はかなり長慶を意識していた節があります。

長慶と信長の共通点は、地方の守護代クラスの家の出身であること、父親の事績を基にして大躍進したこと、京を含む近畿地方に基盤を持ったこと、朝廷や将軍家を傀儡にして天下を握ったこと、兵農分離を進めたこと、港湾都市から課税して支配する重商政策であったこと、茶器収集に嵌ったこと、キリスト教に寛大であったことなどが挙げられます。共に合理的な現実主義者で、政治と経済を掌中に収めて、天下人となっています。

そして何よりも自らの組織において、身分にかかわらず能力主義の人事を行ったことが革新的で、現代においても魅力的なトップです。長慶がいなければ補佐役だった松永久秀の名が残るこ

中文 植树若疏于支撑，树便弱不禁风，枯竭而死。

ともなく、信長がいなければ明智光秀や豊臣秀吉の活躍もありませんでした。

長慶の父である三好元長は、管領の細川晴元の腹心として活躍し、晴元の宿敵にして元長の父の仇でもある細川高国を滅ぼして山城の守護代に任ぜられます。しかしながらその実力が、主君の晴元に疑われます。管領細川氏という組織内での権力闘争に敗れ、元長は32歳で自害します。その時、長慶は僅か10歳で、三好家の本拠地の阿波で成長します。

阿波の有力国人である三好一族を軽視できない晴元は、やがて長慶を召し出します。後に摂津の守護代となった長慶は晴元と争い、和睦し、また争うことを繰り返し、最終的に晴元を幽閉し、足利義輝を擁して天文21（1552）年に幕府の実権を握ります。摂津を中心に10ヶ国以上を支配する長慶の天下は、10年以上に及びますが、右腕と頼む弟や最愛の息子などを次々に失ったことから精神を病み、永禄7（1564）年に43歳で病死してしまいました。

長慶は自分の祖父や父の敗死によって、子供の頃から辛酸を舐めたことから、信長と違って敵に対して寛容で、戦国時代にもかかわらず、敵対者を追い詰めて皆殺しにするようなことはなく、その為に恭順者から離反されることが度々ありました。

▲三好長慶の墓
（大阪府八尾市・真観寺）

本項フレーズは、リーダーたる者の心得についての若き長慶の言葉です。どんな木も幹を支える木がなければ、少しの風でも痛んで枯れてしまいます。人も持って生まれた資質に加えて、本人の努力や研鑽がなければ、成長することはありません。また優れた人財の支えがなければ、如何なるトップも枯れ木の如く滅んでしまうという戒めです。

英文 If not sustained by a supporting pole, the tree will die in only a little wind.

コラム①　成り上がり「天下人」の先駆者・木沢長政

近畿地方における戦国大名の先駆けと言えば、**木沢左京亮長政**（1493?〜1542）であろう。足利尊氏が開いた室町幕府は、細川、畠山、斯波、山名といった功績のあった重臣たちが管領となって、世襲で政権を担うという統治体制であった。この一族以外に政治に参画できないという鉄壁の体制に小さな風穴を開けたのが、畠山氏の重臣であり、河内の国人（地元中小領主）あがりの長政である。

この長政に倣って近畿において将軍を奉じて実質的に政権、即ち天下の覇権を握った者たちが、三好長慶、松永久秀、織田信長であり、名門でなくとも地方の中小勢力の出身者でも、実力で成り上がって「天下人」となれる道を拓いた人物である。新しい時代の先鞭を付けた長政の快挙の延長線上に、豊臣秀吉や徳川家康の覇業があると言っても過言ではない。

長政は主家の畠山氏が家督争いで対立して疲弊する中で頭角を現し、畠山氏を飛び越えて室町幕府管領の細川晴元に取り入って力を蓄えた。当時、近畿においては将軍、管領、大名、国人、一向宗と法華宗といった宗教勢力も対立して複雑な抗争を繰り広げていたが、これらを全て打倒して剛腕で鎮圧して河内国半国の守護代となり、山城、北河内、大和と近畿一体を10年にわたって支配して、一大勢力を築き上げた。

若き三好長慶が父の仇でもある管領・細川晴元に帰参するのを仲介したのは長政であったが、後に長政はこの二人と敵対することになり、天文11（1542）年に細川晴元、畠山種長、三好長慶に**「太平寺の戦い」**で敗死した。

後に松永久秀が最後に籠城して自爆死した信貴山城は、日本で初めて煌びやかな天守閣を築いたことで知られているが、この城を初めて築いたのは、この長政であると伝えられている。

長政の供養塔と伝わる五輪塔が、大阪府柏原市の大平寺共同墓地に移設されて残っている。

▲伝・木沢長政の供養塔
（大阪府柏原市・安堂大平寺共同墓地）

▲「大平寺の戦い」が行われた付近
（大阪府柏原市・石神社）

トップが人を登用する時の要点

09

主将、自ら眼を開かざればならぬものなり。

【毛利 元就 1497～1571】

毛利陸奥守元就は、近隣のライバルを含めて同時代の人々からも、既に高い評価と尊敬を受けていました。中でも周防の他6ヶ国の守護であった大内義興は、

——楠木正成の再誕なるべし。

と元就の才覚を讃え、また面識があったと伝えられている山本勘助も、

——足利尊氏、新田義貞より以後は、独り元就のみなり。

と元就の器量を絶賛しています。安芸の国人（地元中小領主＝由緒ある地元の有力武士団の長、いわば地場企業のトップや地方議会の親玉）の次男坊に生まれながら、その類まれなる智略と武略によって、中国地方8ヶ国の覇者にまで一代で昇り詰めました。

元就の名を日本国中に轟かせた天文24年（1555）年の「**厳島の戦い**」では、用意周到に策を練った上で、少数の兵で陶晴賢率いる大軍に大勝利を収めています。『孫子兵法』の定石にある通り、イチかバチかの勝負に出るのではなく、戦う前に「勝つべくして勝ち」を収めています。時に元就は既に60歳と、その老練振りを見事に発揮しています。

元就は源頼朝の家庭教師であった大江広元の子孫だけあり、かなりの読書家で漢籍、即ち中国

中文 身为领袖，慧眼不可或缺。

古典に通じ、しかもそれを随所で実践に応用しています。呉起の「吮疽之仁」に倣って元就が、足に重症を負った将兵の膝の傷口を自ら吸って矢尻を取った逸話が残されています。また輝元・元春・隆景に対して遺言した有名な「三矢の教え」は、『北史』吐谷渾伝にあります。元就を「商の湯王、周の武王」になぞらえておべっかを使う儒者に対して、次のように嘆いています。

「湯武の時代には阿諛追従する重臣はいなかった。自分の徳が及ばないことを痛感する」

また学者でも召し抱えて報酬を与えれば筆を曲げることもあり、暗愚のトップの言行を美談として書くであろうから、史書を読む時は一概に信ずべきではないとも元就は語っています。現代の成功者の自伝などは、まさにこの類でしょう。

元就は16、7歳の頃に明の使者が山口の大内氏のところへ来た際、元就を見た明人が、

――漢の高祖と唐の太宗の相を兼ねられたり。必ず威を四方に振い給うべし。

▲毛利元就の墓
（広島県安芸高田市吉田町・洞春寺跡）

劉邦や李世民といった中華帝国の建国者たちに似ていると指摘し、若き元就もいつまでも密かにこの言葉を意識し続けたそうですから、志を持った気迫溢れる顔付きをしていたのでしょう。

本項フレーズは、トップは常に目を見開かねばならないという元就の言葉です。続けて、人財登用の際の注意点について、

「優しく人当たりの良い性格の者は仲間や上役から好かれて評判が良いので、これを登用すると組織マネジメントが難しくなる。なぜならば『信賞必罰』が厳しくできなくなるからだ。今はうまく行っても、いずれ必ず大きな問題の元凶となる」とも元就は指摘しています。

英文 An effective leader must open his own eyes at any time.

コラム②

功績が正しく評価されていない西国の名将・大内義隆と陶晴賢

この二人は戦国時代の西日本において、極めて重要な武将であるにもかかわらず、共に非業の最期を遂げたことから正当な評価もなされず、『**名将言行録**』にも収録されていない。

決してこの二人が「名将」でなかったのではなく、実際以上の汚名のレッテルが貼られてしまっているからである。そして、この二人の屍を乗り越えて中国地方を制覇した毛利元就の大いなる武名によって、歴史の彼方の闇の向こうに、彼らの勲功も消し去られてしまったからでもあろう。

大内大宰大弐義隆（1507～1551）は、中国地方の覇者である父が享禄元（1528）年に安芸遠征中に陣没すると、22歳にして大内家の16代当主となった。父の義興は、京から都落ちして山口へ逃れた将軍足利義稙を扶けて上洛し、義稙を将軍に復帰させて管領代となり、山城の守護を兼ねて10年に及んで在京して室町幕府を支えた英傑だ。出雲の尼子経久（03項）は若い頃、この義興の配下に名を連ねていた。

義隆は九州北部も支配下に置き、朝鮮や明との貿易によって莫大な利益を上げ、京の都と大陸文化を融合させた大内文化と呼ばれる戦国時代随一のルネサンスを「西の京」山口にもたらして繁栄を謳歌した。

父祖の偉業を越えて最大版図を築き上げ、「七州の太守」となった義隆は、従三位の将軍足利義晴を凌駕して、従二位・兵部卿に叙せられた。

義隆は絶頂期の天文11（1542）年、月山富田城の尼子晴久を攻めて大敗北を喫してから、急速に領国経営や軍事活動に興味を失い、ますます公家文化に浸るようになる。都からも大内の名声と財力に引かれ高位の公家たちも集まった。それに伴う巨額な義隆の交際費と文化事業費を支える為に、領国内で課税が強化され、国人（地元中小領主）や民衆の不満が高まった。

義隆が政治を家臣に丸投げしたことから、大内氏の組織には後年の豊臣秀吉の政権のように武断派と文治派が権力争いをして対立した。文治派の

▲大内義隆の姿見の井戸（山口県長門市・大寧寺）

▲大内義隆の墓（山口県長門市・大寧寺）

リーダーが相良武任という九州出身の寵臣で、武闘派のリーダーが**陶尾張守晴賢**（1521〜1555、初名は隆房）だ。晴賢は元々は、義隆の寵愛を受けていた譜代の大幹部である。

晴賢は国人衆の支持を得て、義隆親子を排除して大内家を傀儡化する「下克上」を企て、天文20（1551）年に義隆に反旗を翻した。

義隆以外の誰もが晴賢の謀反を予想しながら、最後の最後までその言葉を信じなかった「裸の王様」であった義隆は、晴賢が攻め寄せると、兵を集める為に自ら法螺貝を手にして吹き口を噛み砕くまで吹くも、誰一人として馳せ参じる者はなかったという。

山口の館から仙崎港まで逃れたが、暴風雨で船を出せず、現在の長門市にある大寧寺へ辿り着きます。そこで髪を整えようと池を覗き込んだ義隆は、自らの顔が映っていないことで命運が尽きたと観念し、風呂で身を清めてから住職より戒名をもらい、家臣、侍女と共に自害した。息子や逃避に随行した前関白の二条尹房、前左大臣の三条公頼（娘は武田信玄の正室）らの公家衆も晴賢勢によって殺害された。義隆は45歳であった。

晴賢は九州の大友宗麟の弟である義長を傀儡の当主として迎え入れた。義長は義隆の姉の子であった。

独善的なオーナー経営者を排除して、組織を構成する有力者の権益を守って組織を拡大しようとした晴賢は、自らの権力を確固たるものにするべく、敵対する国人領主を粛清するが、それに危機感を抱いた安芸の国人たちのリーダーである毛利元就が立ち上がった。

2万を超える大軍を擁しながらも晴賢は、寡兵の元就の謀略によって厳島に誘い出され、雷雨の中を元就に奇襲されて大敗北を喫した。逃げる為の船がなく、「西国無双の侍大将」と称えられた晴賢は35歳にして自害した。

——何を惜しみ　何を恨まん　元よりも　この
有様に　定まれる身に。

全ては自分の選択した結果なので後悔はないと辞世の句を晴賢が詠んだのは、主君の義隆を討った「大寧寺の変」から僅か4年後のことであった。

▲厳島（広島県廿日市市）

▲大内義長の墓（山口県下関市・功山寺）

▲伝・陶晴賢の首塚（広島県廿日市市・洞雲寺）

10

寸功をも忘れず、一労をも捨てず、時々褒美して、愈々励まし、進ましむる事とせよ。

【北条 氏康　1515～1571】

鎌倉時代からの国人や室町時代からの守護などの先祖を持つ者が、「**応仁の乱**」以降に発展して戦国大名になったと思いがちですが、その背景や基盤にかかわらず、親族間や「下克上」を勝ち抜いた者が、戦国時代におけるそれぞれの地域組織の創業者となりました。

武田信玄も父の信虎が実質的な創業者とすれば二代目で、勝頼が三代目、織田信長も祖父の信定と父の信秀の蓄積があっての三代目といった感じです。そしてこの**北条左京大夫氏康**は、祖父の早雲と父の氏綱の事績を受け継いだ三代目、それもとびっきり優秀な三代目です。

室町幕府が開かれると関東は、鎌倉公方の足利氏と関東管領の上杉氏に支配が任せられ、「**応仁の乱**」の少し前から国人たちが乱立して相争うようになります。その間隙を突いて関東へ楔を打ち込んだのが祖父の早雲で、父の氏綱が勢力を拡大し、更に大きく発展させて最終的に関東全域を支配下においたのが氏康です。30年以上も後北条氏のトップを務めました。

氏康が4歳の頃に早雲は亡くなっていますが、戦上手は祖父譲りで、16歳の初陣以来、負け知らずで36度の戦いに勝利し、刀傷が身体に7ヶ所、顔面にも2ヶ所の向う傷があったそうです。

中文 统领下级，需不忘其小的功绩，给予鼓励，时而赞赏，激发其士气。

天文15（1546）年、「**厳島**」と「**桶狭間**」の合戦と共に、日本三大奇襲戦の一つとされる「**河越夜戦**」では、一説に10倍の敵に勝利した氏康は、その名を関東に轟かせます。後に武田信玄にこの時の勝利の秘訣を尋ねられ、氏康は次のように答えています。

――是、吾の功にあらず、左衛門大夫（氏康の義弟・北条綱成）等が忠勇の致す所なり。

やはり真のリーダーたる者は、このような格好良い台詞を吐かないといけないという見本です。

氏康は戦国時代でもズバ抜けたマネジメント力を持ち、本拠地である小田原に日本最古の上水道をつくっています。城下には道端にゴミ一つ落ちておらず、西の大内氏が治める山口を凌ぐ程であったそうです。また領内の誰もが不法を直接にトップへ訴えることができる「目安箱」を氏康は設置し、当時では最も税負担の少ない「四公六民（収穫の6割が農民）」で領民を慈しみ、乱世の世に未曽有の経済的繁栄を築き上げています。

▲北条氏康の墓
（神奈川県箱根町・早雲寺）

氏康は余力を残して息子の氏政にトップの座を譲り、ある時に氏政に語り掛けます。

「日頃から人財を大切にしなければ、人財は優れたトップを求めて他国へ去るであろう。人財を大切にするのはトップの職務であり、幹部たちに任せてはいけない。お前は恵まれて育ったので、人の気持ちがあまり分かっていない。功績あるものを賞さなければ、人の心は離れてしまう。戦になってから急に優しい言葉を掛けても、誰も聞かないものだ」

こう前置きしてから本項フレーズで、「**人の心を察することは難しいので、少しの働きでも小さな努力でも常に褒めよ**」と氏康は教えています。

英文 An effective leader should praise a staff member for even a small achievement and give him sufficient reward, so he then commands his entire organisation smoothly.

11

長期的な視野で組織づくりを行う

人は、ただ我がしたき事を為さずして、いやと思う事を為るならば、全く身を持つべし。

【武田 晴信 1521~1573】

武田大膳大夫晴信こと**信玄**は、戦国随一の名将として尊敬され、同時代のトップの中でも優れた業績を残しましたが、その人生は誰よりも苦悩と忍耐の連続でした。

父の追放、嫡男の自害と骨肉の争いが続き、「武田二十四将」と崇められた才覚と力を持つ我の強い幹部たちをまとめ、保守的な領民を治めて組織を強固にすることに心身を擦り減らし、東奔西走して戦に明け暮れました。生涯に合戦で大敗することなく、隣国から侵攻を受けて、自分の領内の城を一つも取られることがありませんでした。

信玄には興味深い暗殺説だけでなく、死去する前に吐血を繰り返したことから肺結核に侵されていたという説と胃癌説がありますが、長年にわたる忍耐の為、胃を病んでいたのかも知れません。元々は繊細な気質だからこそ、人を尊重して常に耳を傾けることを旨とし、組織を強固にまとめ上げることができたのでしょう。

「風林火山」で知られるだけあり、信玄は『孫子兵法』のみならず多くの漢籍、即ち中国古典に精通し、それを知識として身に付けるだけでなく、見事に実践しています。本項は、

中文 不做自己所欲之事，而做自己不欲做的事，才可出人头地。

——己の欲せざる所、人に施すことなかれ。

という『論語』の有名な一説から着想したフレーズでしょう。大事業を成す為には大勢の人の知恵と力を借りなくてはならないことから、まずトップ自らの行動を慎み、組織のメンバーに嫌な思いをさせないように注意しながら、組織全体のベクトルを共通の利益の為に仕向けさせました。

「トップたる者がメンバーたちを尊重してきめ細かに心を配り、法度を定め、戦を日々の仕事と心得、心の中で自分一人であれこれと思い巡らすのは、城を普請するよりも大変だ」

と信玄はトップ一人の覚悟で、組織全体を勝たせることができると語っています。また、

「まず我が身を正しく法度を立て、正義を守り、善を行った者を取り立てることに専念するべきだ。トップ自身が我儘な振舞いをすれば、どんな法度を立てても人々は従わない。常に我が身をよく反省し、誤りがあれば改めるという態度を堅持しなくてはならない」

という方針を実践し、徹底的にルールをしっかりと守らせて、「信賞必罰」を第一にして強固な組織をつくり上げたと信玄は晩年に述懐しています。

▲武田信玄の火葬塚
（山梨県甲府市岩窪町）

——人は、ただ遠慮の二字が肝要なり。遠慮さえあれば、分別にもなれり。

この遠慮とは、遠くのことを慮る、即ち長期的な視野で考えるということ、信玄は組織マネジメントの要諦を次のように説いています。

「目先の利得だけに目を奪われないようにして、長期的な視野で物事を判断しなくてはいけない」

英文 Do not instruct a staff member to do anything that you wish to do, so that you can keep the position.

12

人財の適材適所を心掛ける

我が人を使うは、人をば使わず、其の業を使うなり。

【武田 晴信 1521〜1573】

信玄は人間を組織の単なる構成要員として使うのでなく、その適正をしっかりと見極めて能力を使うべきだと本項フレーズで強く指摘しています。続けて信玄は、

「マネジメントを行う場合にも、個人の特徴を活かし、無駄のないように人を使うのだ」

と組織における「適材適所」の秘訣を述べています。信玄の組織における人財の採用方針は、

——人は少し鈍なる者を仕入れたるが善き。

不器用でも真面目な人物を求めるというもので、鋭敏な人間を避ける理由を次のように説いています。

「武士たる者は、百人のうち九十九人に褒められる者は良い武士ではない。それは軽薄者か、頭が利き過ぎる才覚者か、盗人か、媚び諂う佞人（悪人）か、このうちのどれかだ」

この「武士たる者」とは、組織におけるリーダーたる者と置き換えて解釈して良いでしょう。つまり、気配りができてバランス感覚のある控えめな人間が、強固な組織のメンバーとして、信玄のお眼鏡に適ったという訳です。また戦について問われた時に信玄は、

——凡そ軍勝、五分を以て上と為し、七分を中と為し、十分を以て下と為す。

中文 用人时并非用人本身，而是用人的本事。

と戦で１００％の完勝をすることに懐疑的で、その理由を問われて次のように答えています。

「五分は今後に対して励みが生じ、七分では怠り心が生じ、十分では驕りが生ずる」

つまり組織というものも、それを構成する人間も、勝つことによって驕りや慢心を持つことが最も危険であり、バランス重視の慎重な姿勢が肝要であると戒めています。

「六分の勝ちを完全勝利とし、七、八分まで勝たない。ここがワシが信玄に及ばないところだ」

と信玄の宿敵である上杉謙信は、大いに評価している言葉を残しています。

信玄は優れた人財は、学問によってこそ錬磨されるという信念を持っていたようです。

「人は育ちによって、善くも悪くもなるものだ。生まれついて人に学があるのは、樹木に枝葉があるようなものだ。何といっても学問がなければならない。然るに、学というのは書を読むことだけをいうのではない。それぞれの道について学ぶことを学という」

このような人々がつくり上げるトップについて、信玄は次のように述べています。

――人間たる者は己の成心を捨てて、人の長所を取れば、恥辱を受けることも少ない。

▲武田晴信の供養塔
（和歌山県高野町高野山・奥之院）

ここでいう人間とはまさに「トップ」のことで、自らの先入観を排除して、メンバーの優れた点を使って「適材適所」を心掛ければ、失敗することがないという訳です。

――人は城、人は石垣、人は堀、情けは味方、仇は敵なり。

という信玄の有名な言葉も、組織マネジメントに苦労を重ねて、忍耐によって錬磨を続けて、遂に達人の域に達して悟ったからだと考えれば、感慨深いものがあります。

英文 When I employ a person, I seek not to use him but to use his skill.

13

常に初戦だと思いながら取り組む

何ぞありて、其の時、志すは遠慮なく、武士道不心掛と言うべし。

【山県 昌景　1515?～1575】

山県三郎兵衛尉昌景は、所謂「武田軍団」における最強の武将として、敵の織田信長、徳川家康にも恐れられ、その武名と共に「武田四名臣」の一人として世に認められていました。

武田家に代々仕える譜代の家に生まれ、信玄からの信頼は絶大で、まさに右腕として合戦のみならず、内政から外交まで活躍します。永禄12（1569）年に駿河江尻城代に任ぜられて4万石を与えられました。もし信玄が天下を獲った際には、きっと昌景は西国で50万石の国持大名になってもおかしくない器量の持ち主であったことでしょう。

昌景はその勇猛振りにもかかわらず、身長は140㎝程で体重も明らかに軽そうな小柄でしたが、その器量の大きさと存在感は武田家随一であったそうです。

「勇将の下に弱卒なし」の言葉通り、当時貴重な顔料である丹朱を使って鎧兜を真っ赤に塗った昌景の将兵たちは、赤一色の軍装で天下に名を轟かせ、その「赤備え」を見ただけで敵兵が震え上がってしまった程です。この「赤備え」は同じ「武田軍団」の真田昌幸、そして幸村に受け継がれ、また敵対した徳川家の井伊直政も、昌景にあやかって「赤備え」を真似しています。

中文 千钧一发之际，惊慌失措反而无用，领袖需在平日里居安思危。

昌景の軍は幾度も勝利を収め、一度たりとも負けたことがないので、どんな秘密があるのかと尋ねられた時、昌景は「二度三度と勝ちを収めると驕りが出るものだ」と前置きしてから、

――**我は自慢の心なく、いつも初合戦に思いて戦う故に、一度も不覚を取らざりき。何事も油断すれば、錆が付たがるものなり。**

「慢心と驕りが最も怖いことで、常に緊張感を持って初戦のつもりで自分は戦場に臨むので、負けることがない。『初心を忘れない』『油断大敵』の心掛けのお陰だ」と断言しています。

どんな名刀でも日々のメンテナンスがあってこその切れ味で、何もしないで放っておけば錆が付くもので、人の知恵や武芸も鍛錬あってこそ錆が付くことがないと警鐘を鳴らしています。そして本項フレーズで、**「武士の心掛けとして、日々の努力なくして、戦のその場に臨んでから武芸や兵法を磨き始めるようではダメだ」**と戒めています。

組織というものは、常日頃からの鍛錬をメンバー全員がそれぞれの立場において行い、準備万端で何事にも臨機応変に対処することができるベストの状態に維持しておくことこそが、何よりも肝要であると昌景は指摘しているのです。

▲山県昌景の墓（愛知県新城市）

昌景は、筆頭重鎮として信玄亡き後の武田家を支えますが、後継トップの勝頼とは反りが合いませんでした。

「長篠の戦い」の際、勝頼に臆病と挑発されたこともあり、昌景は徳川家康の本陣へ突撃を敢行し、最期は鉄砲で撃たれて戦死しました。

英文 It is important for the leader to be ready at all time; it is not wise to act hurriedly in a case of emergency.

14

基本は他人を気遣うこと

分別のことを習いなば、智恵付かん。

【内藤 昌豊 1522〜1575】

内藤修理亮昌豊は「武田四名臣」の一人で、「甲陽の副将」と称された組織の№2です。第4次「**川中島の戦い**」で信玄の弟である信繁が戦死した後、その信繁に代わって手堅く裏方に徹して昌豊は、「武田軍団」という組織をまとめ上げてトップの信玄を支え続けました。

昌豊は信玄に従って多くの合戦で功を成しますが、一度たりとして信玄から「感状」をもらったことがなかったそうです。功労を認められる認定証というべきトップから与えられる感状は、戦国時代の武将たちにとっては、自らの経歴や組織への貢献の証明となり、子孫にも受け継がれるものでしたので、命以上に大切なものでした。しかしながら信玄は、

「昌豊のような者であれば、人並み外れた活躍をして当然である」

と組織の幹部たちを前に厳しく明言しており、また昌豊も、

「**戦は総大将の采配で勝負が決まるもの。個人の名誉に拘るのは、器の小さい人間だ**」

と応えています。トップの代行者として№2は、組織の他のメンバーと功績を競うのでなく、むしろトップと一体となって「感状」を与える側としての役割が期待されていたのでしょう。

信玄は上野箕輪城を苦労して攻略した際、その城代に昌豊を任じます。関東攻めの先鋒、甲斐

中文 理解道理，才可汲取智慧。

への退却時の殿（しんがり）の役割を担う大役です。しかしながら、上杉謙信が10万の大軍で小田原に攻め入りながらも失敗したのは、補給路を断たれたからだと喝破した信玄は、食糧や物資、武器の輸送と補給を担当する統括責任者たる「小荷駄奉行（こにだぶぎょう）」、この重要な仕事を任せられるのは昌豊しかいないと言明し、転任を命じます。最も優れた人財を華々しいオモテ舞台でなく、目立つことのないウラ舞台に登用することによって、信玄は組織を固めた訳です。

「人は分別（ふんべつ）が肝要なり」は、信玄の口癖だったそうです。「分別」とは物事の是非や道理、善悪、損得を正しく判断する見識のことです。昌豊も本項フレーズで、智恵の源泉は「分別」あってこそであり、その「分別」を体得する為の心掛けを次のように述べています。

「他人を気遣うことは大切だ。その気遣いがあれば心の中で気付きも生まれる。自分が至らないことを分別ある人に習って仕事を続けて行けば、自分のレベルアップができ、やがて分別ある人のレベルに近付ける。だから気遣いこそが分別を得る為の第一歩である」

ある幹部が自分に属する若いメンバーに対して、「気遣い第一」を徹底して教え諭したところ、どこにも出なくなり、物も言わなくなり、気遣いばかりして覇気が無くなって武士道が弱くなってしまったと相談された昌豊は、

「それこそ知恵が付いたということ。気遣いは分別という花です。やがて実がなりましょう」

とそれは良い前兆だと不安を払拭させています。

「長篠の戦い」において昌豊も、「武田軍団」の他の幹部たちと共に討死にしています。

▲内藤昌豊の墓
（愛知県新城市）

英文 If you become capable of consideration, you will gain wisdom.

15

主人の好き好む事を勧め、聊の諌めをも申さざる人をば、心を付けて見るべきなり。

【馬場　信房　1514?～1575】

組織のトップとして武田信玄は、「武田四名臣」と呼ばれた優秀な4人の重役をうまく使いこなす一方で、またこの4人はトップを支える大幹部として、信玄をうまく担いだことから、「武田軍団」の強力なトップマネジメント・チームを実現していました。

しかしながら、元亀4（1573）年に信玄が亡くなって、27歳で後継トップとなった勝頼は、先代からの大幹部であるこの4人を耳に痛いことばかり言う煙たい存在として嫌い、トップと補佐役（パートナー）の関係が悪化し、結果として組織の弱体化、滅亡を招きました。後世から見れば、信玄は自らの後継者の育成には残念ながら失敗しましたが、組織を引っ張る幹部の育成、中でも組織をまとめ上げる幹部クラスをつくることには極めて優れていたと言えます。

信玄の筆頭幹部である**馬場美濃守信房**は、信玄の初陣に従い、父の信虎追放にも重要な役割を担った最も信頼する股肱の幹部です。

——**越度、之ある時は、其の身の過とし、又誉、之ある時は、主人の名を揚る心底なり。**

と信房は「**トップの過失は自分の罪とし、自らの功績のある時はトップのものとする**」という

中文 须提防只迎合领袖喜好，不直言规劝的人。

姿勢で信玄に仕えたことから、信玄は信房を非常に尊重しました。これこそ組織の№２としてのリーダーたる者の心掛けの要諦中の要諦です。

そして信房は本項フレーズで、トップに対して甘言を弄して歓心を少しでも買おうとする輩は、組織において要注意と断言しています。組織のメンバー、特にトップ近くにいる幹部メンバーならば、常にトップに対して厳しい意見を躊躇することなく言い、過ちを修正することが第一の務めであるという訳です。

ここで信房ならではの気遣いの凄いところは、トップに対して諫言を聞き入れよと要望しているのではなく、トップにマイナスとなるような媚び諂うような人間を常に監視して、いつでも排除できるようにせよと言っている点です。

▲馬場信房の墓（愛知県新城市）

どんな人間でも組織にとっては使える才能があるものなので、トップの顔色だけを窺って面従腹背する者だからといって、直ちに組織から追い出せとは言っておらず、トップを惑わすようなことをさせなければ良いという意味が含まれています。このあたりの柔軟性とバランス感覚は、「武田軍団」の大幹部ならではの懐の深さです。

信房は「常在戦場」の四文字を壁に掛けて、いつも自らに緊張感を課していたそうです。武田三代に40年にわたって仕えた信房ですが、**「長篠の戦い」**で戦死するまで身体にかすり傷一つ負うことがありませんでした。常に戦場において、臨機応変に動いていた証拠でしょう。

英文 Be mindful of the person who recommends only his leader's favourite thing and does not remonstrate with him.

16

私心を排除できるリーダーになれ

猿の様なる士が集まりて、主人を頽し、国家を滅ぼすなり。

【高坂 昌信 1527~1578】

高坂弾正忠昌信は、沈着冷静で控えめにして、自らの功績は人に譲り、組織全体の為の行動を常に第一としたそうです。「武田四名臣」の一人ですが、他の3人が「長篠の戦い」に出陣した際、昌信は信濃海津城（長野県松代市）を任されて、上杉謙信に備えていた為に生き残りました。

長篠での大敗の報を聞いた昌信は、８０００の兵を率いて信濃駒場城（長野県伊那郡）へ急行し、敗走して来た勝頼たちを出迎えます。勝頼が、

——**老臣どもの諫を用いず、勝利を失うのみならず、古老爪牙の者**（古くからの臣や強い将）**ども討死にしたうこと、武運も是までなり。**

と涙を流し、昌信の息子も戦死したことを告げると、昌信は懐大きく受け止めて、

——**若気の致す所なれば、ただ老臣にこそは罪は候べけれ、ご敗軍とは申せながら、僅かに一万余の味方を以て十三万の敵に、一日五十八度の合戦を挑んだは、我が国千万年の後までも、誰が殿を以て弱将と申すべきか。**

と30歳のトップを励します。そして将兵たちの慰労を行い、甲府へ着くまでの間に着物や武具、旗指物などを順に入れ替えて、堂々と甲府へ帰還させたそうです。実は昌信は信玄が亡くなった

中文 如猴子一般的的不轨之徒，欺骗上级，最终使集体走向灭亡。

後、このような敗戦を迎える日が必ず来ることを予想して備えていたのです。

「長篠の戦い」の敗戦の責任を明確にする為に昌信は、戦場を離脱した穴山信君と武田信豊の切腹を勝頼に申し立てた「五ヶ条」の諫言を行います。しかしながら、甲府に戻って落ち着きを取り戻した勝頼は、その提案を退けます。「喉元過ぎれば」という反省心の欠如のせいか、既に組織をコントロールすることができなくなっていたせいなのか、その両方かは分かりませんが、結果として昌信の力では武田氏という組織の崩壊を止めることはできませんでした。

「長篠の戦い」で多くの幹部を失いましたが、その幹部らの子弟や志のある人財も未だ少なからずいることから、自分の気に入りの者だけを重用することはいけないと昌信は、勝頼に対して幾度となく直言し続け、勝頼の側近である跡部勝資、長坂光堅を奸臣と名指し、

「凡そ国持ちが国を失わんとする時は」と前置きしてから、本項フレーズで糾弾します。

——智慧もあり、器量もあれど、ただ心一つの向う所、菓の実を貪りて飽くことを知らざるが故なり。

「優秀で才能があったとしても、飽くことのない我欲に溢れる者は猿と同じ」と厳しく断じています。

つまり、組織の為に私心を排除できる無欲の者でなければ、どんなに能力があってもダメだという訳です。

現代の組織のどこにでも、猿士は見受けられ、勝頼のようなトップも多く見掛けますが、組織で働くならば、昌信のようなリーダーたる者でありたいものです。

▲高坂昌信の墓
（長野県長野市・明徳寺）

英文 The people like the monkeys gather and swindle the top, so the organisation will decline.

17

仕事の価値基準を明確にする

後途の勝をも構わず、指掛りたる一戦を返さぬを肝要とす。

【上杉 輝虎 1530～1578】

戦国時代において欲得でなく、義を重んじた武将として人気なのは、上杉弾正小弼輝虎こと謙信です。15歳で初陣してから生涯71度に及ぶ戦いにおいて、大敗北なしの強さは、企業経営で言えば30年間赤字を出さずに、成長経営を行っていたのと同じです。

しかしながら謙信自身は、利益追求を目指す経営者と対極にあるような人で、領土的野心はゼロでした。関東諸将の為に三国峠を14回も越えて40以上の城を攻めて、小田原の後北条氏と戦いながら、関東において寸土の土地も奪っていません。他人の救援依頼に応ずる為に生涯戦い続けたのは、採算や結果を度外視して戦争という事業にだけ燃え続けていたからでしょう。謙信という人は、仕事大好き人間だったのです。

天文22（1553）年、信濃の村上義清が信玄に敗れ、謙信の越後に逃れて来た際、謙信は義清を庇護します。その時、謙信が信玄の用兵について義清に尋ねました。

「10年程、信玄が勝ちを収めていますが、いつも合戦後の締めくくりは見事です。勝っても戦の前より用心深く、10里進めるところを3里、5里に留めて欲張ることがありません」

と聞くや謙信は感心して、自らと信玄の手法の違いについて、

中文 不要瞻前顾后，要竭尽全力于眼前的这一战。

「信玄の兵の使い方、勝利を大切にしようとする姿勢は、国を多く取ろうとしているからだ。自分は国を取ることは考えず、勝利の後のことなど考えない」

と述べて謙信は、本項フレーズで自分は「**目の前の一戦を大切にする**」と語っています。

遠大な計画に基づいての作戦ではなく、目前の課題、難題を片付けていくという謙信の方法は、深慮遠謀や計算高さから来る奸智や腹黒さから無縁です。謙信が大切にする価値観は、金銭的な打算や恩や貸しを与えるといった人間関係における低レベルな欲求に基づくものから無縁で、常に「義」に適っているかどうかという基準だけでジャッジされている点にあります。

現代組織のトップからは、こんな生き方をしていたら、組織の日々の存続を懸念する声が上がるでしょうが、戦国時代の方が現代より遥かに厳しく実利的で、文字通り命を懸けた時代でしたので、謙信の信念の堅さと組織を強固に維持したマネジメント力の高さが窺えるでしょう。

――**武士はただ平生の作法を能く義理正しき以て上とす。武辺の働き計りを以て、知行を多く与え、人の頭とすべからず。**

▲上杉謙信の霊廟
（和歌山県高野町高野山・奥之院）

謙信は普段から義理堅いことを「**リーダーたる者の第一条件とする**」と明言しています。戦場で活躍するのは武士として当然で、人として礼儀正しいことが大切であること、そして、

――**吾が心を証人とするより外なし。**

仕事において大きな貢献をしながらも世に知られなくても、自らを評価して心の奥に秘めて独り慎めば恨むこともなく、その満足感こそが、最も大切であるとも謙信は述べています。

英文 Concentrate on the fight immediately in front, without thinking about later victory.

18

リーダーが見せた覚悟の違い

兵の利は多きにあらず、ただ死を決するにあるのみ。

【山中 幸盛　1545~1578】

尼子経久の偉業を継いだ孫の晴久は、山陰山陽8ヶ国の守護になって大内氏や毛利氏と抗争を重ねますが、次の義久の代の永禄9（1566）年に、毛利元就によって滅ぼされてしまいます。

経久の次男の孫である勝久を擁立して、お家の再興を図る尼子遺臣の若手は、織田信長に支援を求めます。その若手のリーダーが、**山中鹿介幸盛**です。

鹿介は父が早世した為に苦労しますが、母似の美形で子供の頃から身体も大きく利発な上、武芸に優れ、13歳の時に合戦で首級を挙げて手柄を立てます。鹿介の母は常々、

――仲間を見殺しにしたり手柄を独り占めにしたりしてはいけませんよ。苦楽を共にしなさい。と教え諭して育てただけあり、鹿介は依怙贔屓をせず、常に「信賞必罰」の公平なリーダーに成長します。4万人の将兵の中から「尼子十勇士」と呼ばれる勇者が選ばれた際、鹿介はその筆頭に指名され、「楠木正成」に勝ると評価されたその器量を誰からも認められました。

尼子氏滅亡後に諸国を放浪した鹿介は、因幡を追われた山名豊国に丹波で出会って意気投合します。出雲の隣国の守護大名に加勢すれば、出雲奪回の扶けになると考えた鹿介は、「**挙兵すれば、何人が従いますか**」と尋ねます。「170人程か」と豊国が答えます。

中文 战争不在兵力多少，在于领袖是否拼命。

「結構です。私が声を掛ければ８００人は集まりますので、共に因幡を攻めましょう。某（それがし）が先陣を切ります」と鹿介が申し出ます。喜んだ豊国と因幡へ攻め入ると鹿介は、

「旧主に恩ある者は集まれ、勝てば恩賞は重いぞ」

と触れ回ります。勝敗は兵の数などでなく決死の覚悟によって決まると本項フレーズで、集まった将兵たちを鹿介が励まします。現代においても、同じ気概にこそ少数精鋭の組織力を最大限にするパワーがあります。決死の覚悟の鹿介が先頭に立って一騎当千の決死の働きで、鳥取城を攻略します。天正２（１５７４）年のことです。因幡国主に復帰した豊国は祝宴を開いて感謝しますが、淡々とした鹿介は宴席を辞した後、豊国とも二度と会うことがなかったそうです。

有言実行で多大な功績があっても誇らずに、やることをやり遂げたら爽やかに去って行く格好良さは、まさに日本武士の誉れ、現代のリーダーたる者もかくありたいものです。

天正６（１５７８）年、尼子家再興を目指して鹿介が勝久を擁して上月城（こうづき）に立て籠り、吉川元春が率いる毛利勢に包囲されます。元春は勝久の切腹を条件に籠城する将兵を助命するとし、勝久は自害します。鹿介は降伏して元春に近づいて、刺し違えてから後を追うことを約しますが、その隙は与えられませんでした。

「七難八苦（しちなんはっく）を与えよ」と天に祈ることで自らの緊張感を持続させたという鹿介も、遂に阿井（あい）の渡し（岡山県高梁（たかはし）市）で、元春の将兵によって殺害され、その首は備後（びんご）の鞆（とも）に陣する足利義昭と毛利輝元の許に届けられました。

▲山中鹿介の首塚（広島県福山市鞆町）

英文 Victory or defeat in the war results not from the number of soldiers but from their readiness to accept death.

19

表面ではなく本質を捉えよ

問うべき要領を問わず、問わで済むべき事を多く尋ねる故、重ねての功に成らざるなり。

【竹中 重治 1544~1579】

竹中半兵衛重治は、黒田官兵衛孝高と共に羽柴秀吉の軍師として活躍し、「二兵衛」と称されました。「**その容貌、婦人の如し**」と漢の軍師・張良のように細身の美形で、秀吉の三木城攻めの陣中で36歳で病没していますので、生まれ付き虚弱体質のせいで色白であったのかも知れません。日頃から威勢を張ることもなく、小さな馬や牛に乗っていて、いつも冷静沈着であったそうです。

戦国時代には「軍師」などおらず、半兵衛の様々な武勇談や逸話は後世の創作であると20世紀末から評価が低くなっていますが、これは表面的なことにしか目が行かなくなった現代人の思考を反映しているのでしょう。半兵衛のように智略を用いて功を成す参謀役は、現代の経営コンサルタントと同じです。如何なる成果も業績もクライアントたる組織のトップやメンバーに帰属するものであり、裏方が出しゃばって表舞台で主役を張っては意味がありません。陰に隠れた貢献に価値と達成感を見出す者は、現代においても多く存在します。

半兵衛は秀吉からもらった感状などは、過去の功績をいつまでも誇ることになるので、自分の為にも子孫の為にも良くないと破り捨てたり、友である官兵衛が秀吉の知行保証を約した手紙を

中文 问事不问重点，只问无关紧要的事情，难以取得功绩。

手にして不平を口にしていると、そんなものがあるからいけないと引き裂いて火中に投じたりしていますので、常に未来を志向する現実的で合理主義者だったのでしょう。

若き頃に少人数でクーデターを起こして岐阜城を乗っ取り、傲慢なトップである斎藤龍興（さいとうたつおき）の鼻を明かしてやったり、戦場での的確で機敏な分析と献策を行って、秀吉によく勝利をもたらしたりしたことから、半兵衛は「武道の功者」――戦略の達人として名が知られます。

半兵衛の評判を疑った柴田勝家、丹羽長秀、瀧川一益、佐久間信盛らの織田信長の組織の大幹部たちは、半兵衛を招いて秀吉の中国攻めの様子を問い質します。それは主人の秀吉が本来語るべきところと辞退しますが、断り切れずに半兵衛が説明をして退出すると、その言葉に一つとして批判する点がなかったと名将たちが感嘆したと『**名将言行録**』に記されています。

組織の地位にかかわらず、多くの人々が半兵衛に合戦についての心得や秘訣を尋ねてヒントを得ようとしました。本項フレーズを述べてから半兵衛は、枝葉末節なことばかりを質問する人が多いが、他人の事例（ケーススタディ）を基にした方法論やテクニックを真似しても何の役に立とうかと一刀両断して、次のように述べます。

▲竹中重治の墓（兵庫県三木市）

――**其（そ）の事（こと）の締（しま）り治（なお）り心（こころ）の付所（つけどころ）を肝要（かんよう）にするにあり。**

どんな事柄でも本質的なことは同じで、更に深く掘り下げ、常に心で感じて気付きを得ることが、質疑応答の中で悟るべきことであると明快に指摘しています。

物事は言語化されていないところに、真の意味と価値があるのだということを半兵衛が教えてくれています。

英文 Of the people who come to ask me the secret of success, many of them ask no important questions and just repeat unimportant questions. Therefore, no one can achieve anything.

コラム③

「漢籍」のプロを養成した「足利学校」

戦国武将たちが好んで読んだとされる『孫子』『呉子』『尉繚子（うつりょうし）』『六韜（りくとう）』『三略（さんりゃく）』『司馬法（しばほう）』『李衛公問対（りえいこうもんたい）』の七つの兵法書は、「武経七書（ぶけいしちしょ）」と称されて、奈良・平安時代に日本に入って来たものだが、誰もが簡単に読んで理解することができるような書物ではなかった。

勉強熱心な名将で知られた北条早雲、今川義元、毛利元就、武田信玄、上杉謙信、小早川隆景らであっても、これらの中国古典である「漢籍」をすらすらと読むことができる者は実は少なかった。

戦（いくさ）や政（まつりごと）を行う組織のトップとして、多忙の中で日々のマネジメントの「実践」に注力する名将たちは、兵法書を専門に学んだ公家や僧侶たちから、「漢籍」の全訳ではなく、抄訳の解釈やエッセンスの説明の講義、つまり「座学」を受けた。「実践」と「座学」を研鑽することによって、名将、即ちリーダーたる者たちは、マネジメント力を磨いたのである。

この兵法書を教える専門家が、名将たちのアドバイザー、コンサルタント、パートナー役を担って、日本における「軍師」の原型となった。その「軍師」と後世に呼ばれることになった専門家を養成した機関として有名なのが、現在の栃木県足利市にある「足利学校」である。かのフランシスコ・ザビエルが、「日本国中最も大にして、最も有名な坂東のアカデミア」と絶賛したという。

「足利学校」の創設は8世紀、9世紀、12世紀と様々な説があるが、古くから学問所として全国的に名が知られ、北は陸奥から南は琉球からの学生が集い、最盛期には3000人もの学生を擁した。しかもその学費は、全て無料だった。

江戸時代を通じて学問の拠点であり続けた「足利学校」は、1872（明治5）年になって惜しくも廃校となり、図書館などとして復活存続され、1990（平成2）年には方丈（ほうじょう）や庭園が再建されて今日では観光名所となっている。

「足利学校」では、先に挙げた「武経七書」の他に『荘子』『列子』『史記』『文選（もんぜん）』などの漢籍を学ぶ場所であり、仏教の経典は一般の寺院で学ぶべきとされていた。「足利学校」の教員は禅僧でありながら、仏教色は排され、儒学色の濃い空間の中で易学や医学、薬草学も盛んに教えた。「足利学校」に入学する者は形式的に僧籍に入ったことから、仮に本当の僧侶でなくとも戦国武将に仕える武士以外の者が、みな僧形で名前も仏僧風であったのは、この「足利学校」の影響がある。

医師として正親町天皇、後陽成天皇、足利義輝、毛利晴元、三好長慶、毛利元就、松永久秀、織田信長、蒲生氏郷、豊臣秀吉、徳川家康らを診察、治療した**曲直瀬道三**（まなせどうさん）（1507～1594）は、近江生まれで「足利学校」の有名OBの一人である。

▲曲直瀬道三の墓所
（京都市上京区・十念寺）

▲足利学校（栃木県足利市）

▲足利学校・孔子廟

◀足利学校・方丈

20

筋を通して人生を締めくくる

汝が申す所、理なり。

【宇喜多 直家　1529〜1582】

宇喜多和泉守直家は、戦国時代の三大梟雄として、斎藤道三や松永弾正と共に名前が挙げられます。目的達成の為ならば手段方法を選ばない直家は、祖父が暗殺されてスッカラカンになってから、備前・美作で50万石を超える戦国大名にまで成り上がりました。

「梟雄」とは、残忍で猛々しく謀略を駆使する英雄のことです。残忍なだけならばただの悪人ですが、正義であろうとなかろうと、自らの信念が一本通ってブレることなく目標に邁進する姿が、闇の中で目を光らせて獲物に飛び掛かる梟に似ていることから、独特の魅力と求心力を備えたリーダーを指す言葉となっています。

備前の守護は鎌倉時代以来の名門・赤松氏で、その守護代の浦上氏に直家の曽祖父が仕えます。祖父が浦上氏の下での権力闘争で島村氏に暗殺され、6歳の直家は父と共に本拠地の砥石城（岡山県瀬戸内市）から落ち延び、放浪生活を送ります。その父も家を再興できぬ中、自害します。

直家は母と二人の弟と尼寺で極貧の中で暮らしますが、11歳の頃から突然に阿呆になります。15歳になった頃に「せめて人並みであれば、お殿様の草履取りにでもなれようものを」とさめざめと泣く母に、直家はそっと近くに寄って、

中文 你说的，在理。

――我、若し賢しと島村が聞かなば、其の儘に助け置くべきや。

と祖父の仇である島村氏を欺いて討つ為に、無能を装っていると告げます。喜んだ母は、旧主の浦上宗景に伝手を辿って直家を出仕させます。容姿も良く智恵も回る働き者の直家は、宗景に気に入られ、やがて宗景の命を受けて島村一族を殲滅して祖父の仇を遂に取ります。

これ以降、直家は組織内外の敵対者に対し、それが舅であろうが姉妹の夫や娘婿であろうが邪魔者は容赦なく片っ端から謀殺し、浦上氏の下で最大の実力者に成り上がります。やがて中国地方に進出する織田信長に通じて、天正3（1575）年に宗景を追放して備前・美作を「下克上」で掌中に収めます。しかしながら、長年の悪行のせいか、それとも家臣を大切にした直家は実は繊細な人でストレスを溜め込んだせいからなのか、内臓に悪性腫瘍を患って倒れます。

自らの余命を悟った直家は、近臣一人ひとりを呼び出しては殉死してくれるかと尋ねます。「君恩を思えば黄泉国までお供致します」との答えに喜び、証文を集め出し、最も信頼する戸川秀安に対しても**「皆と一緒に死んでくれるか」**と尋ねます。すると秀安が次のように答えました。

「人にはそれぞれ向き不向きがあり、自分は戦に向きますが、殉死には不向きです。法華宗の僧ならば、極楽への案内役には良いでしょうが、戦でたくさん人を殺した自分ならば、地獄へお連れしてしまうかも知れません。お供には武士たちでなく、僧たちが最適では」

無二の戦友とも言うべき重臣のこの諫言に、病の毒で頭を犯されていた直家もハッと我に返って本項フレーズを述べ、誰も付いて来なくて良いと言って証文を全て焼かせました。

▲伝・宇喜多直家の墓
（岡山県岡山市・岡山寺）

英文 What you say is a law of nature.

21

過去と決別して心を入れ替えろ

当に過ちを改め、行いを励まし、大功を天下に立て、以て前失を償うべし。

【織田 信長 1534～1582】

若き織田上総介信長が手の付けられない程の荒れたティーンエージャーで、「虚気者」と呼ばれる愚か者だった逸話はよく知られています。その信長の破天荒ぶりを見ながら、内なる大器を見抜いていたのが、父の信秀と舅の斎藤道三です。共に若かりし頃はかなりの乱暴者で、長じて強いリーダーとなった自分たちと、若き信長を重ね合わせていたからでしょう。

尾張の新興勢力であった信秀は、経済力を背景に早いうちから京都の朝廷に接近し、内裏（皇居）の修理費用4000貫を気前よく献上して、従五位下・備後守、後に三河守などの官位官爵を受けて、尾張一国の統治と隣国侵攻の正当性の確保に努めました。その朝廷との折衝役を担っていたのが、尾張の国人ながら茶道や和歌に通じた平手政秀でした。信秀は自分の後継者となる嫡男の信長が誕生した際、信頼する政秀を養育係に任じています。

政秀は信長の初陣、隣国の斎藤道三の娘との婚儀などをアレンジして、将来のトップに相応しい英才教育を施します。政秀が選んだ家庭教師の沢彦和尚は、「天下布武」や「岐阜」など、信長にとってシンボリックな名称を漢籍、即ち中国古典から提案したことで知られています。信長は間

中文 唯有改正过错，多行善，取得大功，才能弥补过往的失败。

違いなくこの沢彦から、漢籍の教えをしっかりと受けていたようです。後に朝倉義景と浅井長政親子の髑髏に漆と金箔を塗って酒杯にしたのは、『史記』にある有名な逸話にならったものですし、安土城の天主閣には、周公や孔子、孟子が襖に描かれていたというのも納得です。

ここで思い出されるのは、中国春秋時代の名君・楚の荘王の「鳴かず飛ばず」の逸話です。王になって3年間、日夜酒宴に及んで遊び呆けながら荘王は、実は重臣たちの人物定めをしていました。やがて「鳴かず飛ばずの鳥がいますが、如何でしょうか」と尋ねる忠臣に対して、「その鳥はいったん飛び立てば天まで届き、一旦鳴けば人々を驚かせる」と答えるや、愚か者の振りを辞めて奸臣たちをことごとく処刑し、忠臣たちを登用し、楚王として自らの組織を一気にまとめ上げました。実は信長も阿呆な振りをして、人を見定めていたのでしょう。

政秀は信長の品行を改める為に、信秀が亡くなった翌年の天文22（1553）年、信長宛の遺書を残して自刃します。流石の信長も政秀の諫死にショックを受け、自室に籠って反省し、沢彦に命じて政秀寺を建立して菩提を弔わせます。そして、

——吾、徒に悔いるも、何の益あらん。

と気持ちを切り替えてから、信長は本項フレーズで態度を改めると宣言します。

信長を天才や神のように崇める言説もありますが、この言葉から自らを厳しく律した努力の人であったことが窺えます。後になって、信長が天下人になった姿を見ずに自害した政秀について、早まったなと軽口を叩いた者に対して、信長は顔色を変えて激怒したそうです。

▲織田信長の墓
（京都市中京区・本能寺）

I regret my mistakes, try to improve myself and compensate for previous failure, so that I can manage a distinguished achievement in the world.

コラム④

戦国随一の梟雄・松永弾正

明智光秀を別として、織田信長を裏切った武将として、浅井長政、荒木村重と並んで必ず名前が挙がるのが、**松永弾正少弼久秀**（1508～1577）である。

「この老人は、主君である三好長慶を裏切り、将軍足利義輝を弑逆し、奈良の大仏を焼いた大悪人」と信長が徳川家康に紹介したという逸話が残る。信長は悪行をあげつらったり、嫌味を言ったりしたつもりではなく、自分ができないことを平然とやった愛すべきワルと称賛を込めていたのかも知れない。意外なことは、裏切りを許さない冷徹な信長が、二度も裏切った久秀を許し、三度目の時も最後の最後まで降伏すれば許そうとした節があるのは、久秀のどこかに魅力を感じ、その類い稀な実力を認めていた証拠であろう。

信長の挙げた三つの悪行は、実際に久秀は関与していないとも言われているが、死人に口なしで、全ては久秀に押し付けられてしまっている。歴史は常に敗者に辛辣である。

天正5（1577）年、68歳の久秀が信貴山城に籠った最後の一戦で、信長が命を助ける代わりに久秀所有の茶釜「平蜘蛛」を所望した際、信長なんぞに渡せるかと茶釜と共に爆死した逸話は史実でないと今日ではされているが、この伝説が生まれる豪快さが久秀にはあったに違いない。

久秀の実像は歴史の闇の彼方にあって、正しく見ることには限界があるが、三好長慶の秘書役から組織の№2にまで昇り詰めた才覚は、極めて優れた人物であった証である。その一方、目標達成の為には手段方法は全く選ばなかった極めて合理的な現実主義者であった。何やら明智光秀の祖型のようだ。『名将言行録』には記されていないが、久秀の名言が残されている。

――裏切られるのは、弱いからだ。裏切られたくなければ、常に強くあればよい。

――先見の人は嘘を言いくるめて、嘘ばかりの世の中に暮らしている。だから、たまたま真実ばかり申す者が現れると、それを嘘だと思ってしまう。

この二つの言葉は、現代のみならず、日本だけでなく世界における人間の一面の真理を表している。世の中の常識や評判など気にせずに、自らの信念を貫く姿勢に溢れるオーラによって、他人を惹きつける不思議な魅力が生まれる。久秀は確固たる意志を持って生き抜いたリーダーたる者であり、時代を超えた優れた人物である証左ではないだろうか。

久秀の京での屋敷跡に建つと言われている妙恵会墓地に息子の久通、秀次と共に戒名を記された墓があり、信貴山城から近い奈良の達磨寺にも墓が残されている。

▲松永久秀親子の墓
（京都市下京区・妙恵会墓地）

▲久秀の居城・信貴山城跡
（奈良県生駒郡平群町信貴山）

▲久秀の居城・信貴山城址
（奈良県生駒郡平群町信貴山）

▲伝・松永久秀の首塚
（奈良県王寺町・達磨寺）

22

合理的な能力主義を徹底する

人を用うるの道は、能否を択ぶべし、何ぞ新故を論ぜん。

【織田 信長 1534~1582】

信長は奉公年数の長短ではなく、能力主義で人を登用する合理的な思考を持っていました。現代において信長人気が高まった最大の理由は、時代の閉塞感を感じている多くの人々が、社会を変革する強いリーダーシップを持っていた信長に魅了されているからでしょう。

格差が広がる日本社会の上層部に、「上級国民」と呼ばれる既得権益を世襲で持つ政治家や企業家などの「新しい貴族」が、いつの間にかできてしまっていることへの不満の表れかも知れません。確かに信長ならば、既得権益に胡坐をかいて努力しない者を端から捕まえて、首を刎ねるか、追放処分にして社会の鬱積した閉塞感と不満を払ってくれそうです。

そんな信長の組織においても、才能を認められて出世する者への妬みや嫉み、足の引っ張り合いや虐めがあり、武士の生まれでない木下藤吉郎への嫌がらせは激しいものがありました。

信長が足利義昭を奉じて上洛を果たし、将軍職に就けた義昭の居城として二条城を再建した際、義昭から「勇猛な武将の誰かを護衛につけよ」と要請がありました。この命令を聞いた者たちは、佐久間信盛、柴田勝家、丹羽長秀の3人の大幹部のうちの誰かが選ばれると思っていたところ、信長が指名したのは、意外にも秀吉でした。

中文 用人时应看其才能判断，不能以其经历长短判断。

▲織田信長・信忠の墓
（京都府上京区・阿弥陀寺）

人の痒いところまで手が届くような気の利く秀吉が、我儘（わがまま）な義昭を満足させながらも、しっかりと監視することができ、万が一の際にも頼りになる人財と信長はよく人を見ていたのでしょう。信盛、勝家、長秀の3人では、どうみても秀吉のような柔軟さ、軽妙さ、機転の良さを備えていないことは、後世の人間からすればよく分かりますが、家柄、序列、格式の煩かった時代においては、この人事に承服できず、秀吉を扱（こ）き下ろす者が多くいたのは当然のことでした。

信長は自分の組織の末端のことについてまで、知らないことはなかったでしょうから、多少のことで潰されるような者は、自分の眼鏡には適わないとも思っていたのかも知れません。家柄や序列に拘り、能力を正当に評価することができない連中が口にする不平不満に対し、いずれ収まるだろうと放っておいた信長も、流石（さすが）に堪忍袋の緒が切れて、本項フレーズで断じました。

現代に生きる私たちからすれば、当たり前のように思えますが、頭では理解していても、果たして400年以上も前に生きた信長のように、合理的な能力主義を実践しているでしょうか。

年齢、学歴、序列、職歴などばかりに目が行って、本質的なことを正当に評価しない組織のトップは数えきれない程います。少しでも自らへの注意を怠れば、抜擢する人や抜擢される人にお構いなく、組織全体の足を引っ張って讒言（ざんげん）している側に回ってしまっていないでしょうか。

人物本位を貫いて、能力主義で「適材適所」ができる自由な時代に生きながら、組織のトップとなると、どうして信長のようなことが現代人にもできなくなるのでしょうか。

英文 A person should be utilised on their talent, not by their length of service in a strong organisation.

コラム⑤

信長を裏切った二人の青年武将 浅井長政と別所長治

織田信長の「長」の偏諱を受けた浅井長政と別所長治は、共に顔を合わす機会はなかったものの、極めて似た運命を辿った。二人は新興勢力の織田信長の麒麟児ぶりに感銘し、その天下布武というビジョンに一時は共鳴して従いながら、やがて価値観の違いから袂を分かってしまった。

浅井備前守長政（1545～1573）は、信長と同盟を結ぶに際して、あの戦国一の美女と名高いお市の方を妻として、信長の義弟となったことは有名だ。長政は信長より一回りばかり年下であり、弟分扱いの徳川家康以上の存在となり得る立ち位置にあった。永禄11（1568）年に足利義昭を奉じて信長が上洛する際には、長政はその先導役を務めた。

元亀元（1570）年、越前の朝倉義景討伐に赴いた信長に対して、北近江の国人として父祖以来の朝倉家との同盟関係を重視した長政は、信長との同盟を破棄して信長に反旗を翻した。父や家臣たちに押し切られたと言われるものの、本人自身も信長とはやってられないなという冷静な判断が後押ししたのであろう。

後世から見れば、勝馬に乗らずにバカな選択をしたと思いがちだが、当事者にとっては勝敗がどう転ぶか分からず、自らの選択が最善であると信じた決断のはずだ。**「姉川の戦い」**の後、比叡山の焼き討ち、武田信玄の死を経た天正元（1573）年、朝倉義景を攻め滅ぼした信長は、長政の居城である近江小谷城を攻め、長政は降伏勧告に応じずに自害した。29年の生涯であった。

別所小三郎長治（1558～1580）は播磨の国人で、天正3（1575）年には上洛して信長に謁見し、その奏請を受けて従四位下・侍従に任官している。

天正5（1577）年10月に信長は羽柴秀吉に毛利討伐を命じ、12月に秀吉は上月城の攻略に成功した。しかしながら、秀吉が最も支援を期待していた長治が、妻の実家である丹波の波多野秀治に呼応して天正6（1578）年に反逆し、本拠の三木

▲淺井三代の墓（滋賀県長浜市・徳勝寺）

▲小谷城址（滋賀県長浜市）

▲小谷城址遠望（滋賀県長浜市）

城に2年に及んで籠城して羽柴秀吉に対抗した。長治の組織のメンバーたちが秀吉の指揮下に入ることと、毛利攻めに反対であったことなどの理由もあったが、浅井長政と同じく長治自身が、「信長なんぞにはついていけない」と思っていたからであろう。

長治は信長より二回りも年少で、信長の長男である信忠よりも一歳年少であった。

信長など何するものぞという気概に溢れる播磨の国人たちや家臣たちに押された長治は、毛利からの補給と援軍を期待し、後に「三木の干し殺し」と呼ばれる人馬を食い尽くす籠城戦の末、城兵の助命を条件に秀吉の降伏勧告を入れて一族と共に切腹する。

――今はただ　うらみもあらじ　諸人の　命にかわる　我が身と思えば。

と辞世の句を残した長治は、時に23歳とも26歳とも言われている。天正8（1580）年1月のことであった。2年後に信長が本能寺で横死したので、長治の反旗を翻した決断が悔やまれる。悲運の武将と幸運な武将との間の分水嶺は、ほんの少しばかりのタイミング、つまり運の違いでしかなく、その器量に差がある訳ではないことを当事者でない後世の人間は知るべきではないだろうか。

▲別所長治夫妻の墓（兵庫県三木市・雲龍寺）

▲三木城跡（兵庫県三木市）

▲別所長治の像（兵庫県三木市・三木城跡）

23

トップだけが知りうる境地

淵に躍る小魚、豈に天に飛ぶ鳶の心を知らんや。

【織田 信長 1534～1582】

織田右大臣平朝臣信長は、武田信玄や上杉謙信といった先輩格の戦国武将に対しては、卑屈とも思える態度で手紙を書いたり、贈物をしたりして、機嫌を取っています。人を人と見ない僭越で横暴であるような信長のイメージと違って、自らを過信して絶対とするのではなく、冷静に力関係を分析して対応することができる柔軟性を備えていたことが窺えます。

天正5（1577）年に謙信が能登七尾城、加賀松任城を陥落させた際、信長が柴田勝家を大将にして5万の兵を送りますが、手取川で大敗を喫しました。その謙信が信長に懲罰を与えるべく、遂に上洛を決めます。

——明年3月15日に越後から出陣致す。

と挑戦状ともいうべき手紙を使者に持たせて、安土へ向かわせました。仰天した信長は、

「委細を承りました。最近諸国を従えましたので、これ以上の望みはありません。頭を剃った上で無刀でお迎え致し、関東33ヶ国を進上致します」

と身体を小さく縮めて、恭順の意を示したかのような返信を送っています。謙信は信長の物分かりの良さに満足したのか、「信長は抜群の将だ」と褒めながらもその行間を読んで、敵愾心を新

中文 池中小鱼安知老鹰之志。

たに燃やしたそうです。戦国最大の対決となる謙信と信長の合戦は、出陣前に謙信が脳卒中で倒れた為に実現しませんでしたが、その知らせを聞いた信長の組織のメンバーたちが大いに安堵して喜びの声を上げた時、信長は本項フレーズを述べてから、続けて、

「お前らでは分かるはずもない」

と言って、司馬仲達が諸葛孔明を恐れたこと、楠木正成が宇都宮公綱を避けた史実を語り、

――トップの胸の内は、一般のメンバーには分からぬところだ。

と宿敵を失うことの寂しさと虚しさを吐露しています。この逸話からも信長が、物事の道理のみならず教養を備えた武将であったことが窺えます。また本項フレーズは、

――燕雀安くんぞ鴻鵠の志を知らんや（燕や雀の小鳥がどうして空高く舞う大鳥の気持ちなど分かるものであろうか）。

という『史記』陳勝伝の名文句をもじったものでしょう。これは信長のオリジナルなのか、若き信長に分かりやすく教諭した沢彦和尚の発案であったのかは定かでありませんが、漢籍の教養などない信長の組織の幹部たちでも、その意味が分かり易くよく通じたはずです。この他に信長の口癖として、次のような言葉も残されています。

――当たり前の手段ではなく、組織の内外の誰からも予想されないようなことをするのが、本当のトップである。

――常に心掛けている武辺は、生まれついての武辺に勝る。

▲織田信長の供養塔（和歌山県高野町高野山・奥之院）

英文 Does a small fish swimming in a pond understand the feeling of the flying bird in the high sky?

24

能力に溢れたNo.2の苦悩

汝(なんじ)は、吾(わ)が為(ため)の福(ふく)の神(かみ)なり。

【明智 光秀 1528?~1582】

「**本能寺の変**」での**明智日向守(ひゅうがのかみ)光秀**の動機は、一次史料の新発見や新解釈が出されても決定的なものはなく、本人に尋ねなくては謀反に至った心理が解明できません。しかしながら、パワハラ傾向のあるオーナー経営者の下で、実力№2の気苦労とストレスは容易に想像できます。

土岐氏の末裔であるかの真贋、信長の正室との姻戚関係を別にしても、「**瓦礫沈淪(がれきちんりん)**」の身と光秀が自嘲するように没落した家の出身であることは間違いありません。現代で言えば、倒産したオーナー企業や落選した国会議員の親族の身に生まれ、その実力と才覚で、急成長する企業において外様ながらも組織の№2にまで昇り詰めたのが、光秀の成功物語(サクセス・ストーリー)です。

信長は尾張の守護代一族の端くれからスタートして天下人となりましたので、地方中小企業のオーナー一族の子会社が、若くて型破りなトップを得て短期間で急成長して、業界のトップリーダーとなり、更に海外まで快進撃を目指す規模にまでなったのと同じでしょう。

都の言葉や作法に通じて『今昔物語』『太平記』などの古典の知識と連歌の素養も持ち、加えて軍略、鉄砲、築城などの最先端の情報や技術に精通した人財は、現代に置き換えれば英語に堪能で芸術に詳しくピアノも巧みな上、尚且つ営業センスが高く、工場のライン設計もできるのと同

中文 你是我的福星。

じで、中小企業ではどんな高給でも雇うことはできない人財、つまりどんな高禄であっても国人レベルの組織では、決して召し抱えることができない人財でした。しかしながら、本来であれば一国一城の主や幕府の要職にあってもおかしくない光秀が、それを失ってスッカラカンになっていたことから、信長との出逢いという僥倖が生まれた訳です。

信長の天下取りに貢献することは光秀にとって、本来ならば自分が歩むはずの道であり、到達すべき高みに至る為のプロセスではなかったでしょうか。そして、拡大成長する過程で光秀と信長の双方に、その思惑や価値観の違いも一段と開いてしまったのでしょう。

外部からスカウトされた人財、頼りとされる経営コンサルタントが、オーナー経営者に対して味わう虚しさと同じことを光秀は感じていたのかも知れません。雇われNo.2は所詮はトップのオーナーに代わることができないのは、今も昔も変わらないということです。

光秀が婿となった細川忠興に招かれ、細川家の家老の米田宗鑑と久々に対面した際、

「昔、細川家に仕えた時、汝に無碍に扱われたので去り、お陰で信長様の所で出世できた」

と前置きしてから本項フレーズを述べています。屈辱を受けた過去を克服して今日あることを懐しむ光秀が、器量あるリーダーたる者であったことが窺い知れます。また光秀が生真面目で繊細ながらも単なる柔な人間ではなかったことは、次の言葉からも察せられます。

——仏の嘘をば方便と言い、武士の嘘をば武略と言う。
是を以て之を見れば、土民百姓は可愛きことなり。

▲明智光秀の首塚
（京都市東山区）

英文 You are the God of Wealth for me.

コラム⑥

信長が好んだタイプの二人の名将・平手政秀と明智光秀

織田信長の傅役（もりやく）であった信長の父である信秀の№2、つまり筆頭幹部として最も信頼された武将だった。同じく明智光秀も信長の最も信頼する筆頭幹部であったが、実はこの二人はよく似ている点がある。信長は光秀の中に、亡き政秀に似たモノを見付けていたのではないかと想像したくなる。

織田信長の傅役（もりやく）であった**平手監物政秀**（ひらてけんもつまさひで）（1492〜1553）は、

政秀も光秀も、共に氏素性が厳密には不明だ。しかしながらその一方で、都の公家衆に受け入れられた教養人でもあった。いつどこでそれを身に付けたのかは分からないものの、国人と呼ばれた中小領主、即ち地方のトップエリート層に準じるような家の子弟が、子供の頃から教養を身に付ける機会や方法が戦国時代に生まれていたということが推察できて興味深い。

またこの二人は、その才覚によってトップの信頼を勝ち得て出世している。断片的な資料から窺えるのは、二人とも非常に生真面目な性格で堅物（かたぶつ）、典型的な日本人気質であるということだ。

政秀は自ら切腹することで信長を諌めたが、光秀は滞在先の寺を囲むことで信長を諌めようとした。その方法は違えど、信長に気付いて変わって欲しいと願い続けていた上での結果であり、あり溢れる愛情のせいであったのかも知れない。

一般的に成功するトップリーダーは、自分にない資質や長所を持つ者に一目を置いて、補佐役（パートナー）や参謀役（アドバイザー）としたがるもので、政秀や光秀を見れば、信長の好みが窺い知られよう。

事を興した時の年齢の違いが、政秀と光秀の間にはあったかも知れないが、最終的な非常手段を思い切って取った光秀は、より信長に近いものがあったのであろう。

▲明智藪・光秀絶命の地（京都市伏見区小栗栖）

▲平手政秀の墓（名古屋市千種区・平和公園内）

▲明智光秀の胴塚（京都市伏見区小栗栖）

▲平手政秀の邸宅跡（名古屋市北区・志賀公園内）

25

何様でも御意次第なり。

全員一丸となって事を成し遂げる

【明智 光春　1536〜1582】

明智光秀が信長に対して不満とストレスを溜め込み、いつの頃から謀反を心中に企てていたかは諸説ありますが、信長は浅井長政や多くの者から背かれている苛烈なトップでしたから、柴田勝家や羽柴秀吉も光秀と同じ心境で働く、極度に緊張した組織だったのでしょう。

勝家は遠く北国で秀吉も中国で在陣中で、光秀は本能寺から西に20キロばかりの丹波亀山に出陣準備中の1万3000の将兵といたという絶妙な時が、天正10(1582)年6月2日未明だったのです。光秀の将兵は丹波亀山から7時間程で進軍して、京へ侵入して信長を討ち、二条城に籠る信長の後継者の信忠まで討ち滅ぼしました。

その手際の良さは、周到な準備や黒幕の手引きがなければと、後世の人間が推測するしかない程の史上稀に見る見事なものです。光秀が第一級の武将であり、光秀の組織はトップからメンバー末端まで一丸となった強固な組織集団であった証拠で、更に、最後まで裏切者を出しませんでした。光秀は足軽にまで気を遣ったトップだけあり、ゼロから手塩にかけて組織づくりを行ったからこそ、ここ一番の時に凄いエネルギーで目標達成力を発揮できたのです。

光秀の組織には、娘婿の**明智左馬助光春**、**斎藤内蔵助利三**、**明智次右衛門光忠**、**藤田伝五郎邦**

中文 绝对服从您的指令。

宗（むね）**、溝尾庄兵衛貞重**（みぞおしょうべえさだしげ）といった優れた幹部たちが育っていました。この5人を6月1日の夜に亀山城に集めた光秀が決死の形相で「皆の命をくれ」と言った時、本項フレーズで光春が応じると、「信長を討つべし」と初めて光秀が打ち明けました。

光春のこの言葉から類推すれば、**「本能寺の変」**を起こす前から、既に「変」を成功させることができる強い組織であったのです。粉骨砕身して犬馬の労を尽くす光秀が、信長の天下取りの先陣となって奮闘して来たことを知る彼らは、光秀の一大決心に誰一人として異議を唱えず、むしろ信長に代わって我らのトップの光秀が、新しい「上様（ボス）」になると士気を鼓舞しています。本項フレーズはまさに光春一人の言葉ではなく、光秀の苦悩を共有する組織全体の声であり、そこに属する誰もが共有していた叫びだったのではないでしょうか。

これまで命懸けで尽くした信長から、山陰地方に国替えや九州遠征など更に厳しい要求が課せられることに疲労感を覚え、光秀が連絡役を担当した先の四国の長曾我部元親（ちょうそかべもとちか）との約束を反故にするという信長の方針転換に、光秀たちこそが先に、信長に「裏切られた」と思ったのではないでしょうか。絶望ともいうべき状況に直面して、光秀の組織の幹部たちは、ここで立たなければ自分たちが終わってしまうと感じていたはずです。

▲左馬助・湖水渡りの碑
（滋賀県大津市）

光秀が**「山崎の戦い」**で秀吉に敗れたことを知ると左馬助は、占領中の安土城から近江坂本城へ撤退します。その時に左馬助は琵琶湖を敵前で渡っては名を挙げ、最期は城を枕に明智一族と共に潔く自刃して果てますが、左馬助の名は現代でも惜しまれつつ残っています。

英文 We shall obey your every intention.

26

物事の後処理を疎かにするな

軍は始末が大事ぞかし。

【柴田 勝家 1522～1583】

柴田修理亮勝家は、織田信長の組織における生え抜きの大幹部で、勇将で知られています。

元亀元（1570）年4月、織田信長が越前の朝倉義景を攻めた際、義弟であった近江の浅井長政が反旗を翻して後背から襲い掛かり、信長は少数の将兵と共に命からがら京都まで逃げ帰った話は有名です。敗戦したことを曖気にも見せない信長は意気軒高に振舞いますが、ここぞとばかりに、反信長勢力が蠢き始めます。8月、本拠地の四国へ逼塞していた三好三人衆が海を渡って大坂の野田城・福島城を攻め、信長は中ノ島に本陣を置いて対峙します。信長が京都を留守にしたと知った朝倉・浅井連合軍は、大津、醍醐、山科を放火して京都に迫ります。その知らせに信長は、直ちに出撃しようとします。すると勝家が諫めます。

「近頃、京では信長公は摂津で三好三人衆に打ち取られたと上も下も大騒ぎをしていると聞き及びます。まずは将軍を守って将兵を率いて京へ入られ、無事なお姿を人々に見せてから、近江へご出陣なさればよろしいかと存じます」

「何と不調法なことを申すのか。戦場へは一刻も早く敵を逃さないように立ち向かうべきもの。京で暢気に見回りなどしていて何の役に立つ。老い耄れたか」

中文 管理组织需懂得分辨和判断。

▲柴田勝家夫妻の墓
（福井県福井市・西光寺）

と罵倒して出立します。勝家は馬で信長を追い駆けて、その馬前に立ちはだかります。

「父と某の二代の間、耄碌（もうろく）したような不調法をしたことはございません。しかしながら、四畳半の数寄屋で茶などを飲む時には不調法致します」

信長の「茶の湯」好きを苦々しく思っていた勝家がそう抗議すると、流石（さすが）の信長も言葉を発することができず、そのまま進軍してしまいます。信長を横目にして勝家は引き返し、

「若い殿が勇み立たれるのに調子を合わせて、ワシらのような年配の者が一緒になって飛び回っては、それこそ愚かだ」

と言って勝家は本項フレーズを述べ、足利義昭を護衛して京に戻り町中を大声で、

「信長公は摂津から凱旋され、朝倉・浅井退治に出陣された。皆の者、安心せよ」

と触れ回って人心を落ち着けてから、信長を追って近江へ出陣して武功を挙げます。後になって、勝家の細かな後始末の差配ぶりに、都の多くの人々が感心したそうです。

「始末」とは本来、物事の始めと終わりの経過を指し、事の次第や成り行きのことを意味します。物事の区切りやケジメをつけること、後処理をしっかりすることを「始末を付ける」と使いますが、物事の辻褄、帳尻をしっかりと合わせて決着させることは骨が折れることです。リーダーたる者は、組織の「始末」を的確にマネジメントすることが肝要です。

勝家には勇猛果敢で頑固一徹なイメージがありますが、組織の重鎮として、細かなことにまで気が付いて、組織全体のマネジメントができる才覚者であったことが窺える逸話です。

英文 Administering the organisation requires distinction only.

27

最期まで屈服を拒否する心意気

夫れ頼朝は、一旦虜の身と成りしかども、終に平家を討平げ、父の仇を報じたり。

【佐久間 盛政 1554〜1583】

「鬼玄蕃」と称された勇猛果敢な佐久間玄蕃允盛政は、母方の叔父である柴田勝家が越前を織田信長より任された際、金沢城を与えられて勝家の右腕となります。身長六尺（182㎝）の巨漢の盛政は、加賀の一向一揆や越後の上杉を相手にして、大いに活躍します。

「本能寺の変」後、織田家という組織の運営方針を決めた有名な「清須会議」において、羽柴秀吉と勝家の対立が決定的となります。遂に「賤ヶ岳の戦い」が起きた時、その緒戦において盛政は、奇襲攻撃によって秀吉方の中川清秀を討ち取ります。

当初、清秀の籠る砦を落としたら退くことを条件に、勝家は奇襲作戦を許可していましたが、29歳の血気に逸る盛政は、羽柴勢を殲滅する好機と見て、賤ヶ岳砦の攻略にも取り掛かります。砦を守る桑山重晴は、早々に降伏して「砦の明け渡しを日没まで待って欲しい」という条件を出します。鷹揚に盛政はそれを受諾しますが、実は援軍を待つ引き延ばし策でした。琵琶湖を渡って来た丹羽長秀の来襲を受け、美濃から急速反転して合流した秀吉軍によって、盛政は勝家と共に大敗北を喫します。実力がありながらも、詰めを誤った若さ故の慢心の見本となってしまいました。

中文 赖朝公虽曾被俘，但后来灭了平家，报了父仇。

▲伝・佐久間盛政の供養塔
（愛知県西尾市・海蔵寺）

盛政は落ち延びる途中に、農民に捕らえられて秀吉の前に引き立てられます。かねがね盛政の武勇を知る秀吉は、若き勇将を助命するとして、次のように誘います。

「ワシに仕えよ。九州征伐の先鋒とし、平定の暁には肥後一国を与えよう」

その言葉を聞いた盛政は大笑いしながら、

「助命されて国を与えられたら、貴殿を討つ。叔父の勝家からの恩を蒙りながらも報いることができなかったのは、武士の本意にあらず。直ぐに処刑してくれ」

と懇願します。秀吉は大いに感じ入って盛政を説得しますが、それが叶わないと悟ると切腹を命じます。すると盛政は切腹を拒否し、大紋付きの紅裏に仕立てた広袖と白帷子（しろかたびら）を所望しました。それを着て京の都を引き回して処刑されれば、秀吉の武威も天下に鳴り響くのに役立つでしょうと、助命を申し出てくれた秀吉に対して答えます。秀吉は盛政の武士としての心意気に感動し、盛政を惜しんだそうです。処刑に臨んで盛政は、叔父の指示を守らなかったことで大敗し、猿面野郎の秀吉の虜となったと嘆息すると、その無礼な言葉を聞いた検死役の浅野長政（あさのながまさ）が咎（とが）めます。

――大将の志は、汝らに言い聞かせんも如何なれども、申し聞かすべし。

盛政は顔を上げて長政に向いてそう言うや、

「あの源頼朝も捕らえられながらも、最後は平氏を討って父の仇を討ったことを知らないのか」と本項フレーズで盛政が堂々と反論する姿に、当時の人々は大いに感動したそうです。リーダーたる者の心意気も最期の最期まで気宇壮大な覇気と共にかくありたいものです。

英文 Even though Lord Yoritomo was once a captive, he eventually managed to destroy the Heike Clan and avenge his father.

コラム⑦

汚名を着せられた悲運な名将たち

「終わりよければ全て善し」という言葉は、リーダーたる者にとっては極めて大切な言葉である。

生前に如何に優れた業績を成し遂げたとしても、最後の一戦に敗れてしまった為に、後世まで必要以上の汚名を着せられて罵られてしまう。

「手のひら返し」は世の常とは言え、平伏して這い（はい）つくばって媚を売っていた者たちが、蜘蛛の子を散らすかのようにいなくなり、平然と非難をする側に交じって石礫を投げるようなことは、戦国時代だけでなく現代でも多い。

昭和後期のバブル時代に「時代の寵児」と持て囃されながら、いったん潮目が変わると糾弾の的となった「名経営者」は少なくない。

そういった中で著者が面識があり、既に故人となられた方々から選べば、秀和不動産の小林茂、リクルートの江副浩正、ＮＥＣの関本忠弘、セゾンの堤清二、イ・アイ・イ・インターナショナルの高橋治則などの各氏は、非常に魅力的な人物であり、若輩であった筆者に対しても丁寧だった。現役であった頃、マスコミは大いに持て囃したものである。

戦国時代に目を向けると、**今川義元**、**六角承禎**、**尼子晴久**、**朝倉義景**、**武田勝頼**、**北条氏政**らは、汚名を着せられた悲運な名将である。

この６人は自分たちの父祖を凌ぐ業績を挙げ、大いに力を得ながら、その終わりを畳の上で全うしなかったことから、愚将としてのエピソードが面白おかしく江戸時代につくられ、現代までその名誉回復が完全になされていない。

組織が亡ぶということもさるものながら、いま少し早く死んでいたりすれば、悲運の名将として、いわれのない汚名を歴史に残すことはなかったのではないかと、「本能寺の変」で横死した織田信長のことを考えると、極めてアンフェアで気の毒な思いがする。

この６人とも、それぞれ先祖伝来の領地を最大まで広げた実績があるものの、それを維持することができずに滅んでいる。つまり、絶頂期が滅亡の始まりであるということを如実に物語っている。

義元は戦死、義景と勝頼は敗走中に自害、氏政は敗戦後に切腹を命じられ、承禎は流浪の末に行き倒れ、晴久は卒中で憤死している。

例えば義元や義景、承禎は、都に憧れて公家にかぶれて武士たる気概を無くしていたとか、氏政は毎日食べる食事の加減も分からぬとか、晴久や勝頼は幹部の諫言に耳を全く貸さなかったとか、色々面白おかしい話が付加されているが、多かれ少なかれ人間ならば、誰しも備えている一般的な欠点であり、致命的な嘲笑の対象になるようなことではない。

どんなに優れた事績を挙げても、最後の一戦に敗れてしまっては、全て否定されてしまうばかりか、必要以上の汚名までかぶせられてしまう。

勝敗に拘ることはあまり善しとされなくなった昨今でも、リーダーたる者は勝たねばならない。

たとえ腹黒くセコいと指弾されたとしても、勝ちに拘るべきである。敗死した場合の汚名を雪ぐことは、何百年経ってもできないことだと知っておいて損ではないだろう。

▲尼子晴久の墓
（島根県安来市・月山南麓）

▲六角承禎の墓
（京都府京田辺市・酬恩庵一休寺）

▲今川義元の首塚
（愛知県豊川市・大聖寺）

▲朝倉義景の墓
（福井県越前大野市・義景公園）

▲武田勝頼の墓
（山梨県甲州市・景徳院）

▲斎藤道三の首塚（岐阜県岐阜市）

▲北条氏政・氏照の墓（神奈川県小田原市）

2
大器ならではのマネジメント

28

迅速に決断することの大切さ

分別も久しくすれば、ねまる。

【龍造寺 隆信 1529~1584】

「**五州二島の太守**」を自称した**龍造寺山城守隆信**は、肥前佐賀郡の国人として古くから栄えた龍造寺家の分家に生まれ、子供の頃に寺へ預けられて僧侶となりました。小坊主でありながら非常に賢く、身体も大柄で人の何倍もの抜群の怪力の持ち主として知られ、後に近隣諸国から「肥前の熊」と恐れられた片鱗を窺わせています。

天文14（1545）年に祖父と父が謀反の疑いで暗殺されると、曽祖父に連れられて隣国筑後の大友宗麟に従う有力国人である蒲池鑑盛の庇護を受けます。蒲池氏の支援を受けて挙兵した隆信は、祖父と父の仇を討って龍造寺家を再興します。

隆信は龍造寺家の本家当主が亡くなると、その未亡人を娶って本家を乗っ取り、西国随一の戦国大名である山口の大内義隆に誼を通じています。この時に「隆」の偏諱を受けて、初名の胤信から名を改めます。やがて主家の小弐氏を滅ぼして「下克上」に成功した隆信は、更に他の国人衆を討ち従えて、遂に天正6（1578）年に肥前を統一して戦国大名の仲間に加わりました。

豊後の大友宗麟、薩摩の島津義久と九州の覇権を争う「三国志」状態となりますが、九州最大の激戦となった天正6（1578）年の「**耳川の戦い**」で宗麟が義久に破れると、宗麟を攻めて筑

中文 深思熟虑的主意，陈腐不可用。

▲龍造寺隆信の墓
（佐賀県佐賀市・高伝寺）

前、筑後、肥後、豊前を支配下に置きます。しかしながら、大恩ある蒲池鑑盛の息子で、隆信の娘を妻とする蒲池鎮漣（かまちしげなみ）が島津に寝返ったとして、酒宴におびき出して誅殺し、蒲池一族を滅ぼします。この時、隆信の娘は父の許（もと）に戻らず、婚家に殉じて自害しています。

勢いに乗った隆信は肥後に侵攻しますが、天正12（1584）年に2万を超える大軍を率いた隆信は、島津義久の弟で猛将として知られた島津家久の1万と**「沖田畷（おきたなわて）」**で激戦となり、油断した隆信は大敗を喫して、島津の家臣に首を刎ねられてしまいました。戦場で戦国大名の首級が挙げられたのは、この隆信と**「桶狭間の戦い」**の今川義元の二人だけです。

実は隆信は若い頃は英雄の気質を持った優れたトップで、宣教師のルイス・フロイスが日本のユリウス・カエサルともいうべき果敢な決断力を持つ人物と評した程です。

本項フレーズは、あれやこれや悩んで熟慮をし過ぎると、かえってその結果は悪くなるので、ここぞの時には迅速な決断が肝要であると、若き隆信が語った言葉です。

「ねまる」とは、九州弁で「腐る」という意味です。

隆信は子供の頃から苦労したこともあり、猜疑心の強い戦国大名の中でも特に疑い深く、勢力を増して権力を握るとその傾向がますます強まり、その一方で慢心して酒食に溺れてしまいました。

如何なる優れたリーダーたる者であったとしても、成功に驕ってしまえば、失敗するという見本となっています。

英文 When facing a situation, the more you consider it, the worse result.

29

刺し違える覚悟で諫言できるか

常に士に弱き者はなきものなり。其の人の悪しきにあらで、若し弱き者あらば、其の大将の励さざるの罪なり。

【戸次 鑑連　1513〜1585】

九州の大友宗麟は初め禅宗に深く帰依し、後に戦国時代において最も有名なキリシタン大名として、遠く欧州にまで知られました。お家騒動で父親と異母弟が腹心に殺害され、20歳そこそこで九州の名門の当主となったものの、酒や女人との快楽に耽ってなかなか政務を見ませんでした。家臣の妻に気に入ったものがあれば、その家臣を殺して自分のものにしてしまったというような逸話が多く残っている程ですので、放蕩も行儀もかなり酷かったようです。

流石に見かねた一門にして重臣の**戸次左衛門大夫鑑連**（後に立花姓を継ぎ、出家して**道雪**と名乗る）は、一計を案じて大宴会を開くと、宗麟は堅物の道雪も珍しいことをやるなとヒョコヒョコやって来ます。すると宴たけなわになった頃に道雪は豹変して、刺し違える覚悟で諫めたところ、宗麟は心から詫びて改心を誓います。「雷神」の異名を持つ道雪には、ここで詫びねば殺されると宗麟に思わせる程の迫力があったのでしょう。

宗麟は典型的なお坊ちゃん大名で、凶暴な猿を手元に置き、挨拶や相談に来る家臣たちに飛び掛からせては面白がっていたそうです。困り果てた家臣たちの話を聞いた道雪は、宗麟の前へ出

中文 本无孱弱的兵卒，若有的话，是那个领袖的责任而已。

向きます。宗麟がいつものように猿をけしかけてきたので、道雪はこれを鉄扇で叩き殺して、驚く宗麟に次のように諫言したそうです。

――人を弄べば徳を失い、物を弄べば志を失う。

道雪の役を太田道灌、伊達政宗といった勇将が務めている似た逸話があり、誰の話がオリジナルかは分かりませんが、全て事実であったかも知れません。バカ殿のやることは意外と限られていたのでしょう。多少の形を変えただけの似たような話は、今でも見聞することがあります。

現代の組織では諫死したり、刺し違えたりする覚悟で意見具申をするような者はいませんが、宗麟の組織には、死をもって諫言する人財に恵まれていたこと、諫言する者たちをそばに置いていたこと、これはたまたま偶然であったのかも知れませんが、結果として自らの人生を開く結果となった訳です。道雪らの優れた組織のメンバーたちの力を結集して、猛省して気付きを得て改心した宗麟は、やがて九州北部の覇者にまでなりました。

老人となって従軍中に陣没するまで道雪は、大友家に忠誠を尽くし、道雪亡き後の大友家は力を失い、やがて歴史の舞台から消え去りました。

▲戸次鑑連の供養塔
（福岡県柳川市・福厳寺）

「リーダーが優れていれば、その組織のメンバー全てが優れている」という本項フレーズは、

――勇将の下に弱卒なし。

と同じ意味で、北宋の政治家で詩人としても知られる蘇軾の詩が出典とされる言葉です。近世欧州の風雲児であるナポレオンも、道雪と同じような言葉を残しています。

英文 There are no weak soldiers in the world. It just depends on the talent of the leader.

コラム⑧

現代日本にも生きる「国人(こくじん)」

20世紀後半の30年間、ある衆議院議員の「金庫番」として献身的に支え、内助の功でその議員を内閣総理大臣にまで昇り詰めさせた議員秘書がいる。リクルート事件のスキャンダルによって自殺した名秘書だった。その亡くなる1年前に、中学時代の同窓会誌に寄稿したという文章の中で彼は、次のように語っている。

——複雑極まりない人間関係の中で、戦国の英雄が生命をかけて血みどろの闘争を繰り返したと同じようなことが、この平和な民主国家の舞台裏で展開されるさまにただただ驚嘆するばかりでした。

戦国時代のような弱肉強食の争いが、現代の日本にも変わらずあるという30年前の指摘だが、未だにその社会構造は変わっていない。これからも変わることはないはずだ。このあたりが、戦国時代を生き抜いた武将たちの逸話が、今でも根強く人気がある理由なのであろう。

現代の日本には、定数465からなる衆議院議員、同じく245の参議院議員がいる。ざっと700人を超える国会議員がいることになる。

比例代表などもあるが、この国会議員を支えるのが、それぞれの選挙区である郡レベルを基盤とする県会議員であり、主要都市の市会議員などの地方議員である。その数はざっと3万人と言われている。都道府県47で単純に割れば、凡そ一都道府県あたり600人程だ。

戦国時代の人口は現代と比べて10分の1と言われているので、各地の地方に60人程度の有力者がいた感じだ。

明治以前の日本では、地方で軍事と警察を握る者は地方の経済も支配していたが、現代では表向きは分離しているので、経済界に目を向ければ日本全国にある商工会議所は500ヶ所あり、総会員数は120万人を超える。これも都道府県別に単純計算すれば、各都道府県で10ヶ所当たり2万5000人くらいの数字になる。

商工会議所と並んで、史跡や地方駅に堂々と立つ歴史上の人物の銅像の建立、城門の修復などに活躍するライオンズクラブやロータリクラブなどの、地域社会に奉仕する活動団体も、全国に3000ヶ所、10万人以上の会員を抱えており、単一クラブで20人から50人の会員がいる計算になるだろうか。この他に、医師、弁護士、公認会計士、税理士などの所謂（いわゆる）「士業」の関係団体、商工業者、教育者や宗教関係などの諸団体も存在するが、国会議員の選挙区、商工会議所の比率に応じて、地方社会を担う各種団体は日本全国各地に存在するのであろう。

　また単一企業においても、全国に支社支店営業所を構える中、各地における有力代理店、販売店や特約店を抱えている。自動車メーカーのディーラー、ガソリンスタンドのチェーン店、小売業や外食などのフランチャイズ店も全国規模で存在する。

　実はこういった地方社会を担う人々は、本書内でもしばしば出てくる「国人」と呼ばれる戦国時代の地方における中小規模の領主、即ち「ローカルエリート」と学問用語で呼ばれる地域の有力者と同じ存在である。「国衆（くにしゅう）」という呼び名もある。彼らは戦国時代に入る前から地方の農民を支配した者たちで、平安時代に荒れ地を開拓して農耕地として村や荘園を築いた開発領主、中央から地方の荘園管理の為に派遣された在地荘官、鎌倉幕府創設の功績によって領地を与えられた地頭、室町時代の守護によって派遣された代官たちの子孫である。

　この「国人」たちが日本全国、即ち五畿七道66ヶ国にほぼ配置された守護大名を支えて、実質的に領地支配を行った。戦国時代に入り、強力な守護大名の下ではその家臣団として組織化され、弱小の守護大名の下では「下剋上」を起こしてその地位を奪って「戦国大名」化したりした。

　各国のトップたちにとっては、「国人」たちの取りまとめは大変な苦労を伴った。トップからすれば、いつ寝首をかかれて地位を奪われたり、隣国に内通して裏切ったりと、実に油断のならない存在であったからだ。

　「国人」出身の戦国武将家を列挙すれば、伊達、太田、長尾、真田、松平、佐々、丹羽、織田、蒲生、尼子、宇喜多、毛利、吉川、小早川、長曾我部、龍造寺、鍋島、島津といった有力者がいる。

現代において、国会議員の後援会、有力企業の代理店会、フランチャイジーを集めた総会などは、戦国時代さながら「国人」たちが守護大名の本城へ集まっている姿に重なる。

戦国時代初期に中国地方全域を治めた大内義興の会合に、尼子経久の姿があり、その尼子経久が大内氏に代わって中国地方を制覇した際には、その会合には安芸国（広島県）に20人近くいた「国人」の一人である毛利元就の顔もあった。経久や元就は、集まる大勢の人いきれでむせ返る集会の中で、ひと際きらりと光る若手県会議員、代理店主といったところであろう。

陸奥、出羽と大きな地域では、同じ「国人」の亘理、国分、石川、留守、田村などに競り勝って配下に収めて大大名となった伊達政宗などは、さしづめ地方社会で比較的知られる老舗の商い問屋が、端から他の商店を傘下に収めて、地方の流通経済を抑えて巨大化した商社のやんちゃ若社長のようなものかも知れない。

こういったことを考えれば、戦国時代の武将たちの行動は、現代の地方におけるリーダーたちの行動や心理を分析するのに役立つと言っても過言ではないはずだ。ＩＴ化が声高に叫ばれる昨今だが、科学技術が如何に発展しようとも、人間の本質などはそう簡単に変わるものではないので、歴史上の人物を語ることは、今を生きる人々、特にリーダーたる者には決して無駄ではないと断言できる。

実は、アメリカ合衆国の地方政治や経済、そして強力な共産党が支配する中華人民共和国の地方社会を考察する時、これも国は変われど各地域に「国人」は存在する。アメリカ、中国という二つの大国に限らず、世界中のどこでにも「国人」は存在している。その置かれている時代、環境、条件に多少の違いはあるものの、人類がつくりあげる社会組織とは、いずれも大きな差異はないのである。

五畿七道の地図

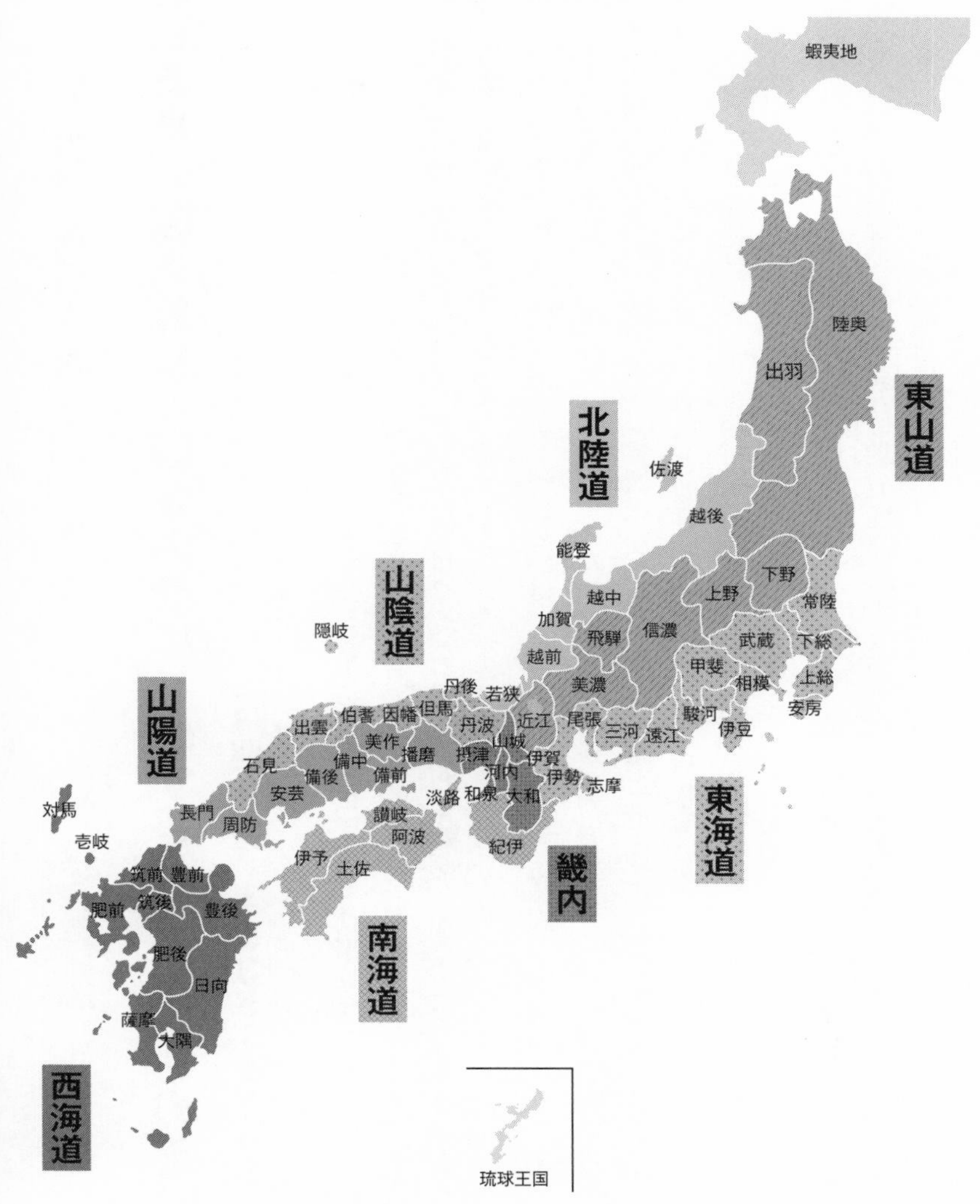
蝦夷地
陸奥
出羽
東山道
北陸道
佐渡
越後
能登
下野
山陰道
越中
上野
常陸
加賀
隠岐
飛騨
信濃
武蔵
下総
越前
甲斐
山陽道
丹後
若狭
美濃
相模
上総
但馬
安房
出雲
伯耆
因幡
丹波
近江
尾張
駿河
美作
山城
三河
遠江
伊豆
石見
備中
播磨
摂津
伊賀
備後
備前
河内
伊勢
志摩
安芸
東海道
対馬
淡路
和泉
大和
長門
讃岐
周防
壱岐
阿波
紀伊
伊予
土佐
畿内
筑前
豊前
肥前
筑後
豊後
南海道
肥後
日向
薩摩
大隅
西海道
琉球王国

30

ここぞという場面で逃げずに攻めろ

弓箭執る身の図を外し、義を汚せば、必ず終わりなきものぞ。

【丹羽 長秀　1535～1585】

自らの功績を誇ることなく驕らずに、温厚でしかも淡々と誠実に手堅く仕事をする人には、組織の内外を問わず自然と信頼や期待が集まります。頼られた時に的確なアドバイスができ、聞き上手で人当たりも良ければ、いやが上でも人望が厚くなる理想的な幹部となります。まさにその典型が、**丹羽五郎左衛門尉長秀**ではないでしょうか。

織田信長の姪を妻とする一門でありながら長秀は、誰に対しても常に謙虚な姿勢にして控えめであったことから、猜疑心の強いトップの絶大な信頼を得ることができました。15歳の頃から信長に仕えて**「桶狭間の戦い」**にも従軍して武勇を重ね、柴田勝家と並んで信長の両翼となります。木下藤吉郎がこの二人に阿って、「羽柴」と改姓した話はよく知られています。

天正3（1573）年に信長が、正親町天皇からの官位昇叙を辞退する代わりに、自らの組織の幹部たちの任官を奏請した際、明智光秀に「惟任日向守」の姓と受領名が与えられ、丹羽長秀には「惟住壱岐守」が同様に与えられるはずでした。しかしながら長秀は、再三辞退した上で賜姓は受けたものの受領名は遠慮し、自らは「五郎左のままで結構」とうまく断っています。このあたりが、新参の光秀と違って譜代の長秀は、信長の心理をよく理解していたのでしょう。

中文 领袖只在乎利益，不顾正义的话，没有好下场。

翌年から信長の一大事業（ビッグプロジェクト）である安土城の築城では、長秀は総普請奉行、つまり建築工事の総責任者に任ぜられます。何万人という人間が関わる作業工程の進捗管理を行って、僅か3年にして完成に至らしめていることは、そのマネジメント力が卓越したものであった証拠です。

「本能寺の変」の日は、信長の三男の信孝を総大将にして四国征討に向かう前日で、その報を岸和田で信孝と共に知りましたが、多くの将兵が逃亡してしまった為に、羽柴秀吉の軍を待って合流しなくてはならず、**「山崎の戦い」**の後は秀吉に自然と従わざるを得ない形になりました。

秀吉の功績を認めざるを得ない長秀は、織田家という組織の動向を決める「清須会議」において秀吉を支持し、従来の若狭に加えて近江二郡と光秀の坂本城を得ます。

秀吉と勝家が対立して**「賤ヶ岳の戦い」**が起こると、長秀は躊躇なく秀吉方に味方し、敦賀に3000、琵琶湖の塩津と海津に7000の兵を配置し、自らは1000程の将兵を従え5艘の船に分乗して備えます。そこへ鉄砲の音がし、琵琶湖の畔にたくさんの旗差物がはためく様子を見た長秀は、敵方の勝家勢が既に賤ヶ岳砦を攻略したものと悟って湖畔へ船を着けよと命じます。幹部たちは既に砦が陥落したので、坂本城へ引き返しましょうと提言します。

——**否（いな）！**　と即答するや本項フレーズで、ここで逃げれば武士の名が廃ると攻勢に出ます。

▲丹羽長秀の墓
（福井県福井市・総光寺）

長秀のこの機敏な判断が、勝家勢の前で風前の灯であった桑山重晴を救援（27項）し、秀吉勢の勝利のきっかけとなります。長秀のリーダーたる者としての抜群の勘とセンスが窺えるこの逸話は、ここぞという時に「逃げずに攻めに転じる」重要性を教えてくれます。

英文 I will lose my honour as a leader if I betray justice.

31

自分に与えられた役割を全うする

片時も身を楽々と持つことならず、あの鶴の身持ちと同じことなり。

【瀧川一益　1525〜1586】

織田信長亡き後に、明るく気さくで多くの人を惹き付けた羽柴秀吉が衆望を集めた理由について黒田如水が説明した際、その対抗馬の一人であった瀧川左近将監一益の人柄について、

――律義者過ぎて堅苦しいところがあったので、人々が近寄り難かった。

と評したと『**名将言行録**』には記されています。武将としての威厳もあったのでしょうが、一益は甲賀の忍者であったという説がありますので、ややもすると寡黙にして暗い表情があったのかも知れません。中途採用ながらも一益は、その手堅い仕事ぶりを信長に認められて出世します。

武田勝頼が天正10（1582）年3月に滅んだ後、一益は関東管領に抜擢され、上野国を与えられます。しかしながら、その3ヶ月後に「**本能寺の変**」が起き、5日後には信長横死の情報が厩橋城にもたらされた時、織田に服属して日の浅い関東の国人衆の動揺を警戒した一益の腹心たちが、これを内密にしようと提言します。すると一益は、次のように断言します。

「**悪事千里を走ることを思えば、隠しても直ぐに露見するであろう。もし隠せば、ワシが東国から上方へ逃げると思って追い討ちを掛けてこよう。だから情報開示をすれば、義を守る者は静**

中文 领袖不可丢弃紧张感，要和鹤一样，绝不可以放松警惕性。

観するであろうし、敵対する者がいても信長公の追腹となれば本望」

直ちに関東の国人衆が集められ、事変を伝えた一益が、敵討ちの為に西へ帰還すること、人質を全て返すことなど隠し立てすることなく伝えると、感激した国人たちは人質を連れて急ぎ出立すべしと応じます。この時に上野攻略のチャンスと北条氏政が動き始めると、1万を率いて一益はこれを討って牽制します。それから、功ある者と戦死した者の遺族への恩賞を与え、国人衆と送別の宴を行ってから本領へ出立します。国人たちは遠慮なく人質も連れて行けと主張するので、その言葉に従った一益は、碓氷峠を越えてから人質を解放して帰した為、関東の国人たちで感激しない者はいなかったそうです。

一益が関東管領となったばかりの頃、野原で鶴が舞い降りて餌を食べている時に見張り役の別の鶴が周囲を警戒している一方、鶴の近くにいた雀は見張り役も立てずに人間を恐れずに無邪気に餌を探している様子を見て、組織のメンバーたちに語り掛けました。

「大名は多くの領地を持っても、家臣や領民が注目しているから、いつも周囲に気を配らなくてはいけない。一方、家臣や領民たちは周囲を気にすることなく自由に振舞うことができる」

▲瀧川一族の墓
（茨城県石岡市・泰寧寺）

それから本項フレーズを述べて、鶴には鶴の良さがあり、雀には雀の良さがあるのだと説きます。

つまり、人はポジションによって組織における役割がそれぞれあり、それに各自が専念して役目を果たすことが大切であるという訳です。

英文 An effective leader must not forget the feeling of strain all the time, like that of a crane that has never relaxed its alertness while standing in the middle of fields.

32

数千の将たらん者は、自身の少勇を事とせず、智計、人に出たる士にあらずんば不可ならん。

【吉川 元春　1530～1586】

吉川駿河守元春が元服前の僅か12歳の天文10（1541）年、出雲の尼子晴久が毛利元就の吉田郡山城を囲みます。この時に元春は城から出撃して初陣を飾り、これ以来、父の元就、兄の隆元、甥の輝元の毛利三代に仕え、生涯64勝0敗12分けの輝しい戦歴を挙げます。

天文16（1547）年、元春が安芸の国人で母方の従兄である吉川興経の養子となった際、しかるべき家の娘を嫁に迎えようと元就が、重臣たちと相談しますが、誰も良い相手を思い付きません。そこで重臣の一人が元春の意向を内々に尋ねると、

「妻など欲しいとは未だ思わないが、父上の仰せならば」と元春は前置きしてから答えます。

――我が望む所は、熊谷兵庫助信直の嫡女なり。

それを聞いたその重臣と元就は、**「信直の娘は醜いと聞くではないか」**と仰天し、いずれ後悔するに違いないと元春に翻意を促します。すると元春は、

「娘が醜ければ父親の嘆きはどれ程でしょうか。その娘と結婚すれば信直は感激するはずです」

と明言し、中国地方に熊谷信直に勝る侍大将はいないので、親族となって共に毛利の先陣を務

中文 统帅几千个人的领袖，不以微不足道的能力沾沾自喜，需以智慧和谋略胜于他人。

めれば、如何なる敵でも打ち砕けるとして、

——醜女を娶らんこと、父に対して孝と成り、また身を立つべき基とも成るべし。

と色好みをして情に溺れる為に妻を選ぶつもりはなく、父の元就の為を第一とするという元春の意志に元就も大いに喜びます。また毛利からの縁談に感激した信直は、それ以後、命懸けで毛利の為に戦功を重ねることになります。

諸葛孔明の「醜女の嫁娶り」の話に似ていますが、孔明の妻である黄月英と同じく元春の妻も疱瘡を患ったことから顔に跡が残り、昔の感覚で「不細工」とされたそうです。元春の凄いところはこの妻を大切にして側室も置かず、4男2女に恵まれたことです。元春の妻である新庄局は良妻賢母で、息子たちは父母双方のＤＮＡを受け継いで、何れも優れた武将となりました。

毛利氏の傘下に入った備後の国人の杉原氏が継嗣なくして死去した際、誰に継がせるかと議論になった際、小早川隆景が「武勇の誉があるのみならず律儀第一の者」を推挙しますが、元春は「博奕を好み、己が剛強を誇り危うき合戦を好める者」を挙げます。

——律儀を要とし、智少なく勇のみある者は、単騎の役にして、大将の器にあらず。

と前置きしてから、本項フレーズを述べます。続けて、

——智勇を并せずんば、争か百千の兵をば指揮すべきか。

と危ういくらいでないと大器にはならないと反論します。元就もこれに同意して、元春の配下に置きました。後にこの若者、杉原盛重は「智計勇烈」で毛利随一のリーダーたる者として名を馳せることになります。

▲吉川元春の墓
（広島県北広島町・海応寺跡）

英文 The leader of an organisation consisting of several thousand people should not be proud of his own ability, but superior to others in ingenuity.

コラム⑨

リーダーとして見事に最期を遂げた名将 吉川経家と清水宗治

毛利家臣の**吉川式部少輔経家**（きっかわしきぶしょうゆうつねいえ）（1547〜1581）と**清水長左衛門宗治**（しみずちょうざえもんむねはる）（1537〜1582）には、共通点が幾つかある。羽柴秀吉の中国攻めの対象となって長い籠城戦を戦ったこと、味方の将兵の助命を条件に潔く、名誉の切腹を行っていること、切腹に際しては秀吉から送られた酒肴で別れの宴を一族や幹部たちと開いていること、そしてその子孫は共に毛利氏において、幕末まで重臣として尊敬を集め続けたことなどが挙げられる。

吉川本家は毛利元就の次男の元春が相続したが、分家も多く存在した。中でも石見（いわみ）吉川氏の当主であった経家は、吉川一門の中でも特に文武両道に優れた名将であった。織田信長に派遣された羽柴秀吉は、播磨三木城を別所長治への兵糧攻めで落とした翌年、天正9（1581）年に因幡国へ侵攻する。因幡鳥取城では城主の山名豊国を追放した重臣たちが、秀吉に対抗するべく毛利へ支援を求めて新しい城主の派遣を要請した。そこで毛利輝元は勇将と名高い経家に白羽の矢を立て、鳥取城の死守を命じた。経家は自らの首桶を持参して、鳥取城へ大将として入城する。

凡そ4000人の守備兵に対して、2万の兵を率いる秀吉が押し寄せ、僅か3ヶ月分の食糧備蓄しかない中、兵糧攻めが行われた。経家は激しく抵抗を試みるものの、3ヶ月目には鳥取城内では餓死した人間の肉を食うありさまで、4ヶ月目になって城兵の助命を条件に経家は降伏したのであった。

秀吉は経家の奮戦に感じ入って助命することにし、主君である鳥取城主を追い出した首謀者の山名家の重臣たちの切腹を条件と提示したものの、経家は自らが責任を取って自害する意志を変えなかった。最後まで従った幹部たちと杯を交わした後、

——切腹の稽古もできなかったので、下手な切り方になるかも知れない。

と経家は末期の言葉を残すや、見事に腹を掻っ捌いている。その首級が届けられたのを見た秀吉

▲鳥取城を背にする吉川経家の像（鳥取県鳥取市）

▲吉川経家の首塚（鳥取県鳥取市円護寺・吉川経家墓所）

は、経家の義士ぶりに号泣したと伝えられる。経家は35歳であった。

――武士の　取り伝えたる　梓弓
かえるやもとの　栖なるらん。

という辞世の句が伝えられ、その他に幼い子供たちに宛て、ひらがなで平易に書き記した遺書も残されている。梓弓とは神事に使われる弓で、和歌の枕詞の一つである。

鳥取城が落城した翌年の天正10（1582）年、難攻不落と謳われた備中高松城に攻め寄せた秀吉は、足守川を堰き止める全長3km・高さ7mの堤防を築いての水攻めは、「**本能寺の変**」と共に羽柴秀吉の立身出世物語のきっかけとなったことで有名である。経家と同様に城兵の命を助ける為に自害した清水宗治の天晴れなる名将ぶりについても、今日でも多くの人が知っている。

毛利氏にとっては中途採用の新参幹部であった宗治は、秀吉から備中備後の2ヶ国を与える条件を出されながらも断固拒絶して、備中高松城における2ヶ月に及ぶ籠城戦を耐え抜いた。「**本能寺の変**」が起こったことで密かに和睦を呼び掛けた秀吉の真意を知らず、城兵の助命を条件にして、城を囲む大水に浮かぶ小船の上で、舞を一つ舞ってから、宗治は見事に切腹を果たして武士の本懐を遂げた。46歳であった。その辞世は、

――浮世をば、今こそ渡れ、武士の
名を高松の　苔に残して。

というものである。経家や宗治といった優れた武士を大将に任ずることができる毛利氏の人財力に対して、譜代の家臣のいない成り上がりの秀吉は、大いに羨ましく思ったことであろう。この二人の犠牲によって、毛利一門は秀吉から一目を置かれることになったと言っても過言ではない。

現代の組織におけるリーダーたる者も、責任を取るという一点において、経家と宗治のような覚悟と気概は、いつの時代においての出処進退の見本として忘れてはならないものではないだろうか。

▲清水宗治の胴塚（岡山県岡山市北区高松）

▲清水宗治の首塚（岡山県岡山市北区・備中高松城跡）

▲備中高松城趾（岡山県岡山市北区）

33

高すぎるプライドは破滅を招く

何事をあやかるべき、謙信が武勇なればとて、何計の事あるべきぞや。

【佐々 成政 1536~1588】

佐々陸奥守成政は天正12（1584）年の「**小牧長久手の戦い**」の際、織田信雄と徳川家康の誘いに応じて、秀吉包囲網に参加しますが、信雄も家康も秀吉と和睦したことから四面楚歌となります。成政は「それはないだろう」と家康に戦争継続を訴えるべく、領地の越中から厳冬期の飛騨山脈と立山連峰を越えて、浜松まで踏破したという伝説があります。

秀吉10万の大軍で本拠地の富山城を囲まれた成政は降伏し、秀吉に許されて側近となり、秀吉の「**九州征伐**」で活躍して、肥後一国を与えられて50万石の大大名となります。

成政は尾張の国人の家に生まれ、早くから織田信長に仕え、その黒母衣衆という10人からなる精鋭親衛隊に抜擢された程の勇将でした。使い走りの小物として信長に仕え始めた頃の秀吉からすれば、当時の成政は仰ぎ見る程のスーパーエリートでした。

「**本能寺の変**」の後、織田家という組織の副社長であった柴田勝家や瀧川一益と対立した秀吉ですが、前田利家と同様に秀吉からすれば同年代の仲間として、成政に対しても親近感を持っていたようです。因みに成政と利家は、似たような武勇の士であった為か、犬猿の仲でした。

中文 究竟有多少优秀的先人值得效仿呢。

柴田勝家が信長から北国を任された際、成政は利家、不破光治と共に勝家の目付役となり、能登や越中に進出して来た上杉謙信、景勝に対峙しました。

謙信が天正5（1577）年に加賀の手取川で柴田勝家を撃破した際、**「織田は意外と弱い」**と謙信が言い捨てたそうですが、信長をはじめとして織田家中は謙信の上洛戦を畏れていました。

その謙信にまつわることで、成政の気概の大きさを示す逸話が残されています。

成政が富山城主であった頃、菊池入道という地元の豪族を酒宴に招いて秘蔵の盃でもてなしたところ、感激した菊池入道が腰に帯びていた波平という脇差を外して、

――是は去る頃、上杉謙信より受納仕り候、謙信にあやかり給う様に献上仕る。

と差し出したところ、成政が本項フレーズで大激怒して、その脇差を放り投げます。驚いた菊池入道は、「本当は成政殿の小姓に差し上げようと思っていました」と釈明したところ、成政は自分の小姓ならば、謙信くらいにあやかるべきだと機嫌を直しました。

成政がライバルである利家と争った際、この菊池入道は早々と利家の許に寝返っていますので、成政のプライドの高さとエリート意識満々の態度が、さぞ腹に据えかねたのでしょう。後に与えられた肥後の国人衆が大反乱を起こし、秀吉からその責任を問われて、成政が切腹させられてしまった理由もなんとなく窺えます。

▲佐々成政の墓
（兵庫県尼崎市・法園寺）

実力ある者が脇の甘さが原因となって身を滅ぼすのは、実に勿体ないことです。これは決して歴史の中だけの話ではありません。

英文 Is there anything I can learn from such a success story of the great old dead man?

34

メンバーが活躍できる環境をつくる

人はただ油断の二字を戒むべきこと。

【堀 秀政 1553~1590】

堀左衛門督秀政は、なかなかの美形で頭の回転も良かったことから、13歳の時に織田信長の小姓となります。16歳で京都本圀寺の普請奉行を任されて以来、信長の側近としてトントン拍子で出世し、更に戦場でも大いに活躍しました。何をやらせても卒なくこなしたことから、「名人久太郎」と呼ばれて、皆から好かれた人気者でした。

「**本能寺の変**」の際には中国攻めの軍監として、羽柴秀吉の陣に派遣されていた為、運よく秀吉に従って「**山崎の戦い**」で高山右近や中川清秀らと先陣を務め、天王山の占領に成功した上、明智光春を坂本城に囲んで自害に追い込む手柄を立てます。信長の側近の一人という資格で清須会議にも参加して、近江佐和山城で9万石を領することになります。

昔から秀吉ともウマが合ったことから、「**四国征伐**」の後には越前北庄城を与えられて、18万石の大名に出世します。

秀政の父は美濃の戦国大名・斎藤道三の家臣であったので、その滅亡にともなって秀政は子供の頃から苦労して育ちます。そのせいか人の心の機微をよく察する能力が磨かれ、自らの家中の者、即ち組織に属するメンバーたちを大切にしました。

中文 领袖不可忘记“大意”二字。

▲堀秀政の墓
（神奈川県小田原市・海蔵寺）

秀政は新しく入って来た者には、30日間は朝夕の食事に相伴させてその言行を観察し、次の30日間を奏者番（そうじゃばん）を務めさせてその向き不向きを見定めてから、職務と知行を決めたそうです。つまり新人を採用した時は、まず秘書見習いをさせ、次に受付係をさせ、その能力を見てから正社員に取り立てたような感じです。合わせて60日ばかりの研修で速成のきらいもありますが、戦国時代ならではの、徹底したOJTを受けさせたということでしょう。

ここで凄いのは、新人が勤めが続きそうもないと申し出れば、衣服や金銀を与えて**「もしウチへ戻りたい時はいつでも帰って来い」**と言って、気持ち良く送り出したそうです。現代の組織でもこんなトップがいれば、誰でもやる気スイッチが入るでしょう。

秀政は譜代や外様にかかわらず、常に呼び出して親しく雑談したそうで、特に外様の幹部、つまり中途採用の者には、職場で肩身の狭い思いをさせないように気遣ったそうです。

秀政の組織の中に、貧相な上に両目からいつも涙を流しているかのような辛気臭い顔の者がおり、不吉なので解雇した方が良いと幹部たちが勧めた時でさえも、

「法事の使者には最適であろう。大名の組織には色々な人財を抱えておくものだ」

と秀政は答えて幹部たちを諭しています。まさに「適材適所」を知るトップでした。

自室に「油断」と書いた額を掛け、秀政は本項フレーズをいつも口ずさんでいたそうです。惜しくも**「小田原征伐」**の際に38歳で病没しましたが、秀吉は戦後に秀政に関八州を任せようと思っていたことから、その嘆きぶりは甚だしかったと伝えられています。

英文 An effective leader should never be negligent.

35 第一に義の当たる所を業として、終に不義の弓矢を執らざるが故なり。

【太田資正　1522～1591】

太田道灌（01項）の甥で養子となっていた資家は、道灌が主筋の上杉定正に暗殺された後も扇谷上杉氏（上杉氏は幾つか分家があり、館の所在地で区別した）に仕え続け、道真・道灌が築いた所縁の岩付城や河越城を任されます。資家とその息子の資頼は、ひたすらに上杉氏に忠誠を尽くし、関東へ侵攻する小田原の後北条氏と激戦を繰り広げます。

資頼の長男である資顕は、扇谷上杉氏が天文15（1546）年の**「河越夜戦」**で北条氏康に敗れて滅亡すると、氏康に服属します。一方、松山城を任されていた弟の**太田美濃守資正**は、氏康に抵抗を続け、松山城や岩付城の奪回戦を繰り広げますが、2年後には遂に氏康の軍門に降ります。喜んだ氏康は、関東の名門太田氏の当主として、資正を厚遇しましたが、資正は北条氏へ心服することはありませんでした。

天文21（1552）年、関東管領の上杉憲政が居城の平井城を氏康に包囲された時、上杉恩顧の者は誰一人として現れない中、資正は平井城に馳せ参じました。やがて関東諸将が氏康に降る中、岩付城に籠る資正は、山内上杉を継承した謙信に与するのは無謀だという声に対して、

中文 义最为重要。不为大义的话不争斗。

「我が家は道真、道灌以来、誉を関八州に振るい、名を天下に挙げたのは」

と前置きしてから本項フレーズで、何よりも義が第一であると宣言します。

謙信が永禄3（1560）年に越後から関東へ侵攻すると資正は、上杉の先鋒となります。岩付城と松山城を幾度となく北条勢に攻められても資正は守り抜きますが、永禄7（1564）年に氏康との決戦に敗れた資正は、息子の氏資（氏康の娘婿）に岩付城を追い出されてしまいます。資正は娘婿の成田氏長を頼り、出家して**三楽斎道誉**と名を改め、岩付城の奪回を目指しますが、各地を転々とした後に、常陸の佐竹義重を頼ってその旗下に入ります。

資正は16歳の初陣以来、大小79度の合戦に出陣し、一番槍は20度以上で、道灌の子孫だけあり軍略にも長け、道灌同様にその武名は遠く都にまで鳴り響いていました。

▲太田資正の墓（茨城県石岡市・浄瑠璃光寺）

天正18（1590）年に豊臣秀吉の**「小田原征伐」**の際には参陣し、秀吉からも「智仁勇を兼ねた良将なり」と褒められますが、あまり覚えはめでたくありませんでした。遂に故地の岩付城に復権することは叶いませんでしたが、資正は長年の宿敵であった後北条氏の滅亡を目にしてから病死します。

上杉謙信は資正のことを器量ある武将として大いに評価し、その直臣である直江兼続も資正に心酔し、謙信に並ぶ名将として資正に対して次のような言葉が残されています。

——方今、日本に置いて大身小身の名将多くある中、撰みて主人にせん時は、太田三楽と我が君の謙信公に若くはない。

英文 Justice is important above all else. I shall not engage in an unjust war.

36

愚直に筋を通すという気骨

砂を食う術、知られず候や。

【加藤 光泰 1537~1593】

地道にして謙虚で且つ堅実で、普段は目立たない実務家にもかかわらず、ここぞという時に誰よりも男気を見せた武将が、豊臣秀吉の組織にいました。**加藤遠江守光泰**こそ、その人です。

秀吉の組織で加藤と言えば、「賤ヶ岳の七本槍」で知られる加藤清正と加藤嘉明の二人を直ぐに思い出しますが、光泰は美濃の斎藤家が滅亡した頃から秀吉に仕えた最古参の家臣です。秀吉の直轄地をマネジメントして貢献し、近江国内で700貫を振り出しに、天正18(1590)年の「**小田原征伐**」の後には、甲斐国主として24万石の大名にまで取り立てられました。

「**文禄の役**」の際、漢城に明の大軍が来襲するという情報が入ると諸将は、兵糧が足りないことを理由に籠城せず、釜山まで撤退しようとします。その時、「**北方から戻って来ていない清正の帰還を待つべきだ**」と軍議の席で突然に光泰が異を唱えます。

「清正殿を待つ為に籠城するには、食糧が足りません」

と直ちに石田三成が反論します。ムッとした光泰が本項フレーズで「**物知りの貴様でも知らんことがあるのか**」というような口調で応じ、更に続けて光泰が次のように一喝しました。

「**知らぬのなら、ワシ一人で踏み留まり、もし帰国できた際には、貴様らの言動を全て太閤殿下**

中文 连怎么吃沙子都不知道吗?

に報告してやるわ」

更に三成に賛意を示していた総大将の宇喜多秀家に向かって光泰は、「腰抜けめ」と罵倒し、

「食糧が無いとか言って仲間を見捨てれば、明や朝鮮の異国の者共に笑われるであろう」

と討死も辞さぬ覚悟だと告げると、諸将は黙って下を向きます。光泰は更に、

「どうじゃ、市松、お前も随分と偉くなったのぅ」

と隣に座っている福島正則に向かって吐き捨てたので、諸将も撤退することができなくなりました。幸いにも明軍が到来する前に清正が漢城へ辿り着き、全軍が無事に釜山まで退却します。しかしながら光泰は、その撤退の途中、体調を崩して57歳で陣没してしまいます。一説には軍議で恥をかかせられた三成が、秘かに毒殺したとも伝えられています。

光泰は三成のようなシャープな頭脳の持ち主ではないものの、秀吉の組織における現場叩き上げで、取締役総務部長くらいにまで出世し、清正、正則からすれば、子供の頃から知る煙たい頑固オヤジのような存在でした。その普段は物静かな「おやっさん」が突然にキレて、

「筋が通らないことは絶対に認めない、偉そうになりやがって、このアホウども！」

と保身を考えて縮こまっている後輩たちに、怒り爆発させている姿を想像するのは面白いだけでなく、光泰の気骨や気概というものは、こういうものであったのかと痛快さすら覚えます。ここ一番の非常時に正論を吐いて一歩も引かない光泰のように、地道で愚直な人物は、組織人としてのリーダーたる者の「鑑」ではないでしょうか。

▲加藤光泰の墓
（山梨県甲府市・善光寺）

英文 In spite of excellence, do you not know the way of eating sands?

37

「率先垂範」を実践したリーダーの鑑

自身は後に居て、ただ衆にのみ掛からしめんとするとも、掛かることはなきものなり。

【蒲生 氏郷　1556〜1595】

如何なる組織であってもトップにとって、「常在戦場」と共に「率先垂範」は、一秒たりとも忘れてはならない言葉です。「率先」とは人の先頭に立って物事を行い、模範を示すことで、『史記』に初出の言葉です。「垂範」は模範を示すことですが、こちらは『宋書』が出典で、併せて四字熟語として使用されています。

近江日野には蒲生氏という国人が古くからおり、織田信長が近江へ侵攻すると蒲生賢秀は服従の証として、13歳の息子を人質に出します。すると信長は一瞬でその息子を気に入り、小姓に取り立てて自ら薫陶を授け、更には自分の娘婿にまでしました。**蒲生飛騨守氏郷**、その人です。氏郷は合戦の時の心得として、

「将として兵を戦場で使う時、攻めるポイントに自らを置いて、ここを攻めよと言えば、見捨てるものなどいないものだ」

と配下の諸将に教えて、本項フレーズで「率先垂範」を説いています。実際に、新参の家来を召し抱える時、つまり面接採用をする際に、次のような条件を付けたそうです。

中文 如果领袖自己领先冲向敌阵，向属下说跟我来，那属下就会跟着来。

「ウチには銀の鯰尾の兜をつけて、常に先陣を切って戦う者がいるので、この男に後れをとることのないように働いてくれ」

するとその新参者がイザ戦場に出ると、本当に鯰尾の兜をつけた武士が敵中に一番に飛び込んで行くのを目撃しますが、実はその人がトップの氏郷であったと知って驚いたそうです。また豊臣秀吉がある時、徳川家康らの大名たちと人物評をした際、

「もしも兵５０００を率いる信長公と兵2万の氏郷が戦をするなら、どちらが勝つかと思うか」

と尋ねます。誰もが返答に窮していると秀吉は、

「それは信長公だ。氏郷が織田の４０００の兵の首を取っても、信長公は必ず脱出して再起を図るであろう。逆に織田が蒲生の5人の兜首を取れば、その中に氏郷の首が必ずあるからだ」

と解説したそうです。氏郷の先駆けぶりと陣頭指揮が知られていたという逸話です。

これについて大将たるもの、後方でどっしりと軍配をもって泰然自若とするべきであり、氏郷は荒々しいだけの「匹夫の勇」と指摘する意見があります。しかしながら、氏郷が戦場で大いに活躍したのは20代から30代です。若いトップがこれくらいの血気盛んでなければ、年齢を重ねた時に器量ある優れたトップにはなれないものです。ただ惜しいことに氏郷は、40歳で病に倒れて次の辞世の句を残して亡くなってしまいます。

――限りあれば　吹かねど花は散るものを　心短き春の山風。

まさに日本のアレクサンドロス大王とも言うべき夭折した勇将は、「率先垂範」を実践したリーダーたる者でした。

▲蒲生氏郷の遺髪塔
（滋賀県日野町・信楽院）

英文 If an effective leader charges into the enemy ahead of everyone else, his organisation's staff members will desperately follow him.

コラム⑩

名将と名「ブランド牛」

日本全国に戦国武将が群雄割拠した如く、現代の日本各地には「ブランド牛」と称する食肉牛が林立している。「ブランド牛」の種類は300近くに上り、うち半分が「和牛」種だ。「和牛」は単なる日本国内で生産された「国産牛」のことではなく、厳格な定義がある。海外生まれの日本育ちはもちろん、混血したハーフやクォーターであっては、所謂（いわゆる）「和牛」とは認められない。

「和牛」とは、「黒毛」「褐毛」「無角」「日本短角」の4種に限定される日本牛の名称である。差し詰め「源」「平」「藤原」「橘」の4大姓を武士とするようなものだろう。

輸入牛肉に対抗する為に、1970年代から日本各地でご当地の牛がブランド化されるようになる前までは、「近江牛」「神戸牛」「松阪牛」が西日本の三大「ブランド牛」で、東日本では「米沢牛」が唯一有名であった。この四つが現在でもそれぞれ「日本三大和牛の一つ」と自称している。

実は「ブランド牛」が西日本に偏っているのは、偶然ではない。千数百年前に、耕作の知恵と技術が大陸より日本に伝来した際、早くから農耕が根付いた西日本で、牛が「役牛（えきぎゅう）」として必要とされたからである。東日本では、もっぱら馬が牛の代役として使われた。「西牛東馬」（著者の造語）の傾向は、鎌倉時代の記録に既に見られ、筑紫、出雲、但馬、丹後、石見、但馬、淡路、大和、伊賀、伊勢、遠江、越前、越後に良い牛がいると記されている。

これらの名牛は食用牛ではなく、全て「役牛」であった。牛は平安時代では公達（きんだち）の乗る牛車として、20世紀後半までは耕作や運搬に活躍した。竹中半兵衛が馬でなく、牛に乗ることを好んだという伝説もある。

肉食や牛乳として消費されるようになったのは、武士の世が終わって明治に入ってからだ。牛のみならず肉食全般は日本においては、**天武天皇（在位676〜686）**の御代から度々にわたって禁制とされ、特に江戸時代は忌み嫌われ、避けられていたことは周知のことである。

現代の「ブランド牛」の草分けは、「近江牛」とされている。近江彦根藩は江戸時代においても牛を食す文化があり、牛の味噌漬けを将軍に毎年献上していた。近江では武具の生産が認められていたことから、牛皮を武具の素材として消費してその肉も食べたという背景があった。

世界でも逸早く知られた「神戸牛（コーベビーフ）」は、「但馬牛」の一種の「黒毛和牛」だ。畜産統計によると現在180万頭の飼育牛が日本国内に存在するうち、約160万頭が「黒毛和牛」であり、その99％は「田尻号」と名付けられた純血「黒毛和牛」種の「但馬牛」の子孫である。

因みに世界中に多く飼育されている牛は、DNA解析によってたった80頭の牛の子孫でしかないことが判明している。

「和牛」種やホルスタイン種、交配種などが「ブランド牛」として親しまれている現在、「和牛」ブランドとして、「但馬牛」から分かれたという「近江牛」「松阪牛」も名高い。

実は昭和になって「田尻号」の子孫が各地に広がる前から、近江や松坂は牛の産地として江戸時代以前から知られていた。近江と松阪の名を聞いて、歴史好きならば誰もが直ぐに連想するのは、戦国の名将・蒲生氏郷であろう。

牛の産地でもあった近江日野の領主に生まれ、大功を立てて豊臣秀吉から伊勢松阪で12万石を与えられた氏郷は、「近江商人」で有名な商工業者たちを伊勢に呼び寄せて松阪の町を築き、氏郷のお陰で「伊勢商人」が育成された。近江と伊勢の間の商品の運搬に、多くの牛が使われたことは言うまでもない。

氏郷が「**小田原征伐**」後に会津黒川42万石に転封となり、「近江商人」と「伊勢商人」と共にたくさんの牛たちも会津へ連れて行かれた。会津若松の土産としても有名な「赤べこ」と呼ばれる首振り人形は、氏郷がそのつくり方を教えたという伝承がある。

『細川家御家譜』という熊本細川藩主の歴史を記した書物に、天正18（1590）年の「**小田原征伐**」の際、10歳で洗礼を受けたキリシタン大名として名高い**高山右近**（**1552～1615**）の招きで、蒲生氏郷と共に細川忠興が共に牛肉を食したことが記されている。右近の主であった織田信長との親交が知られるポルトガル人宣教師の**ルイス・フ**

ロイス(1532~1597)は、「日本人は牛は食べず、薬用として犬を食べる」とイエズス会本部への報告書に記している。犬肉より牛肉の方が遥かに栄養価が高く美味であることをフロイスと仲の良かった右近が、仲間の武将たちにキリスト教と共に教え広めたのだろう。

右近によって氏郷はキリシタンに改宗してレオンの洗礼名を授けられ、忠興の改宗の記録は歴史から消されているが、妻のガラシャや弟の興秋は熱心なキリシタンであった。

氏郷の妻の父である織田信長を「本能寺の変」で死に追いやったのは、言うまでもなく明智光秀だが、その娘である「たま」ことガラシャの夫が忠興だ。妻同士の因縁を超えて氏郷と忠興が仲良く牛肉を突ついているのも、戦国時代とは言えよくよく考えると不思議な風景と言える。

山形県置賜地方で生産された「米沢牛」は、1962年以降は「山形牛」と呼ばれるように定められた。

天和元(1681)年に米沢藩主・上杉綱憲が「役牛」として南部藩からもらい受けたことに始まるという説もあるが、その100年近く前に同地が氏郷の支配下にあったことを考えれば、「米沢牛」が後に栄えたこととは無縁ではないはずだ。

また氏郷の妻は織田信長の次女だが、その妹の夫は前田利長である。義兄弟同士で牛肉を共に食したことがあったかも知れない。というのもこの利長の父である利家は、キリシタン禁教令にもかかわらず、信仰を棄てず大名を辞めて浪人した高山右近を能登で1万5000石で客将として迎え、築城の才などを買って領国経営を任しているからだ。

この右近が時には前田家の者たちに、美味しい牛肉を振る舞ったこともあるのではないだろうか。今日でも石川県の「能登牛」が有名であるのも、偶然ではないだろう。今でも能登には右近の墓がある。マニラに追放され客死した後、その遺骨の一部が、追放を解除されて日本に帰国を許された右近の孫によって、昔の領地内につくられたものだ。

各地の武将の城や墓など足跡を訪ねながら、ご当地の「ブランド牛」を食するのも、現代の歴史ファンにとって誠に贅沢な一興ではないだろうか。

▲氏郷らが食したであろう牛肉

▲蒲生氏郷の像（滋賀県日野町）

▲高山右近の像
（石川県羽咋郡志賀町・高山右近公園）

▲赤べこ

▲高山右近の墓
（石川県羽咋郡志賀町）

▲細川ガラシャの墓
（大阪市東淀川区・崇禅寺）

▲蒲生氏郷の正室墓
（京都市左京区・知恩寺）

38

自分を過信せずに厳しく律する

我心に合たることは皆、身の毒と思うべし。我心に難しきことは皆、薬となるべし。

【小早川 隆景 1533~1597】

毛利元就の三男として生まれ、安芸の国人の小早川家に養子として送り込まれ、13歳から16歳までは当時の中国地方の覇者である大内義隆のところへ人質に出された**小早川中納言隆景**は、美形で聡明なことから、義隆に大変に気に入られたそうです。

備中高松城を囲む羽柴秀吉が「本能寺の変」の報に接し、京へ帰還すべく突然に和睦を申し出て、それに応じた後に、信長横死の凶報を知った毛利勢が秀吉を追撃しようとした時、「**毛利は信義を以て立つ家だから、一度結んだ約束は破らない**」として諸将を収めたのが隆景でした。秀吉は隆景の英断に感謝したばかりか、その優れた器量と類まれな智力に敬服し、自らの参謀役に任じています。秀吉のその全幅の信頼は、隆景が亡くなるまで続きました。

秀吉が朝鮮半島へ出兵した「**文禄の役**」の際、隆景が日本軍の総大将を任されます。朝鮮国の都である漢城へ進軍する軍議で、参謀格の石田三成が自信あり気に進軍計画を披露した際、黙って聞いていた隆景がおもむろに口を開いて、次のように諭します。

「**実戦というものは、時と場合によっては、思い定めた見通しが外れることがあるもの。勝ち戦**

中文 合自己心意的事情是毒，不合自己心意的事情是药。

しか想定していないようですが、負け戦をした時の案が必要でしょう」

三成も尤もと思って素直に従って、退却戦に備えて釜山まで街道沿いに伝令と補給の基地を普請させました。後年**「関ヶ原の戦い」**の際、島津義弘や小西行長らに夜討ちの献策をされた三成が、自らの策を頑なに信じて頭ごなしに却下している態度とは大違いです。やはり、隆景の物腰の柔らかさから派生する言い回しが、絶妙であったからなのかも知れません。

隆景は媚び諂ったりする者を嫌いながらも、決して悪口を言わなかったそうですので、三成への評価の言葉は何も残されていません。但し隆景の次のような言葉から、官兵衛と似たタイプの三成は、自分とは対極にある人間と見做していたはずです。

「才智に優れた黒田官兵衛は、鋭利なナイフのように即断即決できるが、自分は繰り返し繰り返し考え、ようやく官兵衛の即断の智に至る。世の中の人々が自分のことを思案の人というが、それは才が鈍い故に即時に決断ができず、思案を好むからであろう」

普段から隆景は自らを厳しく律していたことが、本項フレーズからも窺うことができます。まさに組織のトップが旨としなくてはならない言葉です。また隆景はリーダーたる者として強い覚悟を持つべきだとして、常に次のように若い士に申し聞かせていたそうです。

――人たる者は不断、門には磔の木ありと心得るべし。何事も其の所作や行跡に怠りあらば、此の磔の木に懸るべし思い、油断すること勿れ。

――一生は夢の間なれば、人々、能く言わるることこそならずとも、悪く言わるるべきは人にあらず。

▲小早川隆景の墓
（広島県三原市・米山寺）

英文 Meeting one's will is just like a poison, so not matching one's will should be a kind of medicine.

我が望みは成就すべし。

【豊臣 秀吉 1537~1598】

羽柴関白豊臣朝臣秀吉が天正18（1590）年に小田原の後北条氏を攻め滅ぼし、鎌倉へ立ち寄った際、鎌倉幕府の開祖である源頼朝の木像を見ることがありました。

「ゼロから叩き上げて、天下を平らげたのは、貴公とワシだけだ」

と親し気に語り掛けたそうです。確かに源頼朝は1160年の「平治の乱」で、父や兄を討たれ、平清盛に一命を助けられて伊豆に流刑となり、一文無しのスッカラカンになります。しかしながら、平家打倒を旗印にして立ち上がり、関東武士たちの支持を得て、平氏一門を滅ぼして日本全国を支配下に置き、700年に及ぶ武士の世を開きました。

「落ちぶれていたとは言え、清和源氏の嫡流で、満仲、頼義、義家、為義、義朝の歴代棟梁の名声があったからこそ、多くの武士が味方になった。自分は氏素性も系図も定かでないので、ワシの方が功績が勝っているだろうが、貴公とワシは天下の友だ」

秀吉は木像の頼朝の背中を叩きながら、とても満足気だったそうです。頼朝は秀吉の時代から400年程前の人でしたが、現代人からすれば、秀吉は同じ400年程前の人です。20世紀後半に首相となった田中角栄が、秀吉にあやかって「今太閤」と呼ばれたのも頷けます。

中文 我的希望一定能实现。

多くの小説で取り上げられる秀吉の出世物語ですが、そこで描かれるように身分の低い頃から天下人になろうという大きな野心を持っていた訳ではないようです。**「本能寺の変」**で織田信長が倒れなければ、秀吉は信長の一幹部として終わったでしょうし、もしかすると猜疑心の強いトップであった信長によって、途中で粛清されてしまったかも知れません。

秀吉が信長の小物として仕えていた頃、仲間たちと四方山話をした際、誰もが酒が入って、自分は一国一城の主となるとか、天下を取ると気炎を上げます。

「ワシは一生懸命に働いて、ようやく３００石を頂戴した。できればもう３００石欲しい」

と秀吉が言うと、志の小ささに皆が笑いました。すると秀吉は真顔になって、

「皆は叶わぬ夢ばかり語っているが、ワシは手に届く現実的な夢を話している。６００石を目指して、寝食を忘れて奉公一途で励んでいるんだ」

と言ってから、本項フレーズで自分の確信を披露しました。

――積小為大。（小積(しょうつも)りて大(だい)と為(な)す）。

日々の平凡な小さい仕事で、誰でも容易にできることを怠けないで、着実に手掛けていくことで、やがて大きな仕事ができるようになると解釈ができます。組織にはこういう仕事をして来た人が、トップとならなくては活性化せず、集団として力も発揮しません。

着実に眼前の課題をクリアする問題解決力を磨く根気こそ、リーダーたる者が真のトップたる者になる為の最も重要な資質であることは言うまでもありません。

▲豊臣秀吉の墓
（京都市東山区・豊国廟）

英文 My own wish will be accomplished by all means.

コラム⑪ 戦国時代の合戦の実像

近年、歴史学の世界において、同時代に記された「一次史料」を基にした研究が進み、これまで史実とされていた戦国時代の合戦が、どうもそれ程までにドラマチックな内容ではなかったという事実が明らかにされている。

風雨の中での織田信長率いる少数の兵で慢心する今川義元が率いる大軍を破った「**桶狭間の戦い**」での奇襲戦、偽情報を流して厳島へ大軍を移動させた陶晴賢に対して嵐の夜に船を出して奇襲した毛利元就の「**厳島の戦い**」、上杉謙信が一騎駆けで武田信玄に斬りかかる「**川中島の戦い**」、信長の13段構えの陣を11段目まで破った浅井長政の猛攻があった「**姉川の戦い**」、魚鱗の陣を敷いて待ち受ける信玄軍へ鶴翼の陣形で突撃する家康軍が大敗した「**三方ヶ原の戦い**」、精鋭の騎馬軍団を3000丁の鉄砲を三段撃ちで迎撃して殲滅した「**長篠の戦い**」、そして何よりも極めつけは、あの東西両軍が見事な陣形を敷いての天下分け目の「**関ヶ原の戦い**」が、霧雨の中を早朝に大垣城から関ヶ原方面に移動中、小早川秀秋の襲撃で西軍は木っ端微塵(みじん)に瞬殺された戦いであったという説には、口をあんぐり開けて驚くしかない。歴史ファンは、史実のヒストリーにではなく、韓国の歴史ドラマ並みのファンタジーに興奮していたのであろうか。

江戸幕府が成立してから元禄までの時代と、第二次世界大戦が終わってから高度成長時代を迎えるまでの時代とが重なり、共に勇ましい時代が懐かしく思える世相を反映して、武将が活躍する歴史の昔話が人気を得たということではなかろうか。江戸時代の軍記物は、司馬遼太郎の歴史小説と重なるように思えてならない。現代人は300年前の軍記物をベースにして、歴史を語り過ぎている。300年後の日本人は、司馬遼太郎の小説が史実と思って、歴史を語ってしまうのだろうか。

戦国時代の古戦場を訪ねると、富国強兵に邁進した大日本帝国時代の名将である東郷平八郎元帥や乃木希典元帥が揮毫した碑や記念の植樹が残されている。対外戦争のシミュレーションの一環として、多くの合戦が事例(ケーススタディ)として使われた。その流れで、欧州に留学して野戦を研究したエリート軍人たちが、日本の歴史の中に偉大な合戦場を創作してしまったことも、現代から歴史を見る人間の眼をくらましてしまった一因に違いない。

人間業（にんげんわざ）とは思えない豪胆な武将や死を恐れない勇敢な神兵たちの活躍に舌を巻き、現代人の腰抜けぶりを嘆くことなど、おとぎ話に胸をときめかすのと同じで、全てフィクションでしかない。戦国時代も現代も、変わらぬ人間が織りなすことで、決して現代人が身体的に弱く、卑怯で、情けない訳でもない。現代人と同じような人間が、戦国の合戦という命を張った中で、必死に生き抜いた物語が、文筆の冴える小説家である彼による話、即ち歴史物語（ヒズ・ストーリー）として語られてしまっているのである。

▲桶狭間の古戦場（名古屋市緑区）

▲川中島の古戦場（長野県長野市）

▲三方ヶ原の古戦場（静岡県浜松市）

▲長篠の古戦場（愛知県新城市）

▲賤ヶ岳の古戦場遠望（滋賀県長浜市）

▲姉川の古戦場（滋賀県長浜市）

▲山崎の古戦場（京都府大山崎町）

▲長久手の古戦場（愛知県長久手市）

▲関ヶ原の古戦場（岐阜県関ケ原町）

剛の柔に克つことを知り給いて、柔の剛を制することを知られず。

【豊臣 秀吉 1537~1598】

天下人となった豊臣秀吉が、亡き主君のことを本項フレーズで評しています。敵となればその憤りは収まらず、降伏しても許さずに皆殺しにしてしまう苛烈な信長は、冷酷で狭量な性格で、皆から尊敬と共に恐れられ、決して愛されることがなかったトップであったと遠慮なく指摘しています。だからこそ信長は、明智光秀に謀反を起こされたとも言っています。

「本能寺の変」の3ヶ月前に甲斐の武田勝頼が信長に攻められた時、秀吉は毛利攻めの為に現在の岡山に在陣中でした。そこで勝頼の死の知らせを聞くや、

「それは惜しいことをした。勝頼に甲斐と信濃を安堵し、東国攻めの先鋒とするべきだった」

と秀吉は漏らしたそうです。秀吉は敵対した者であっても、降伏すれば許し、身内同様に信頼して使っています。将棋で持ち駒を最大限に有効活用して勝つ方法と同じです。実際、秀吉の存命中に、謀反を起こす大名は一人も出ませんでした。むしろ小早川隆景、島津義久・義弘、徳川家康、伊達政宗などの敵対した名高い武将たちは、秀吉に嬉々として従って忠節を尽くしています。その結果、**「本能寺の変」**で信長が殺害された僅か8年後の天正18（1590）年、小田原の

中文 信長公只知以刚制柔，却不知以柔制刚。

後北条氏を降して、短期間で秀吉は天下統一を果たすことができた訳です。

「小牧長久手の戦い」の際、家康と和睦する為に妹を妻に送り、母を人質に出して上洛を促すという策を聞いた弟の秀長が驚いて反対すると、「お前は器が小さい」と指摘してから、本項フレーズを述べました。**「戦わずして屈服させる」**というのが、秀吉の方針でした。

「小田原征伐」で東国大名に参陣命令を出した際、ギリギリまで様子見をして遅参した伊達政宗に対し、無刀姿の政宗に刀を与えて背を向けて、小田原城の包囲陣を遠くに眺めて長々と説明し、政宗を気合いで圧倒した逸話は有名です。実はその3年前の九州を平定した際、頭を丸めて降伏して来た島津義久が無刀だと見るや、自らの刀を与え、その重臣で勇猛で知られる新納忠元を引見した時などは、刺し違えると豪語していた忠元に長槍の柄側を向けて与え、忠元のみならず九州の諸将を心服させています。まさに柔よく剛を制しています。

文禄5（1596）年に伏見城が大地震で倒壊した際、真っ先に駆け付けて来た徳川家康に対して秀吉は、刀が重たいので誰かに持たせてくれと言って、井伊直政に自分の刀を手渡しました。

その後に本多忠勝が控えているのを見て、声を掛けます。

「ワシを殺す絶好の機会だと思わなかったか。少し遠くにいたので、お前に刀を渡せずに残念だった」

流石の忠勝も恐懼して一言も発せず顔を伏していると、

「家康殿は、懐に入った鳥を殺すようなことはしない人だ」

と家康に対しても声を掛けました。柔よく剛を制す秀吉ならではの見事な一言です。

▲豊臣秀吉の供養塔
（和歌山県高野町高野山・奥之院）

英文 Lord Nobunaga knew about overcoming with power, but he did not know that the soft overcomes the hard; and the weak does so with the strong.

41

頂点を極めても緊張を失うな

我が好むことは、人の好まざるものなり。家来とても同じく、嫌がること多し。

【豊臣 秀吉 1537~1598】

関白の座を甥の秀次に譲って太閤と呼ばれるようになった秀吉は、晩年に耄碌ぶりが酷く、天下人となる前と後では、人が変わったかのようだと後世の人々から指摘されています。

秀吉の明るく前向きな性格、持前の才覚と誰にも負けない努力はさるものの、何よりも時代の運に恵まれた以外は、実は何ら普通の人間と変わることはありません。だからこそ、頂点を極めた天下人とは言え、現代人も秀吉の生き方から学ぶことができるはずです。

——我、世の中を視るに、君臣朋友の間にても、皆、我儘なる所よりして、不和となれり。

天下人となったばかりの頃の秀吉が、自らの経験則を前置きしてから本項フレーズで、

「トップとなった自分が良いと思うことは、自分に従うメンバーたちが嫌がることが多い」

と事実認識を述べて、謙虚にトップたる者の心掛けを説いています。また、

——将たる者、此の所に心を付け、我に侍き近士を選み、密に我が目付に頼み置き、時々意見を承り、我が身の善悪を聞いて、万事に心を付けること。

と諫言を常に聞き入れて、自身の身を正すことの必要性も秀吉は指摘もしています。

中文 我喜好的事，多是人家不喜好的。属于集体中的人也是这样，不喜好的事往往更多吧。

▲豊臣秀吉の遺髪塚
（広島市東区・不動院）

秀吉の50代後半からの衰弱ぶりは著しく、若い頃の無理が祟ったとか、女好きであった為に身体が衰えたとか、麻薬を常用していた後遺症のせいであったとか、様々な指摘がありますが、何よりも秀吉自身がトップとして、目標と緊張感を失ってしまったからでしょう。

秀吉は自分の価値を認めて、チャンスを与えてくれて、出世できたのも信長のお陰であったことをちゃんと意識していました。信長から生前に幾度となく語って聞かされたその夢を秀吉はなぞり、大坂城を築いて本拠とし、経済を繁栄させ、日本全国を統一してからは明・天竺攻めを目指したアイデアは、農民出身の苦労人では到底、思いもつかない壮大さがあります。秀吉は信長のカッコよさ、そのリーダーシップに心酔し、信長亡き後は、その影をいつまでも追っていたのでしょう。そして、次の近臣たちに述べた言葉から、天下人となった秀吉は、その信長を乗り越えたと自画自賛している節が読み取れます。

――天下に我に反むく者あるとも、我に克つ者はなし。

確かに秀吉に反乱を起こす者はいませんでしたが、結局は自分自身に負けてしまいました。信長の域を超えたと感じた瞬間に、緊張の糸がプツンと切れてしまったのでしょう。海外への派兵、千利休や甥の秀次の粛清は、トップとしての緊張感を維持して周囲の声に耳を傾けた昔の秀吉ではありませんでした。

現代の様々な組織のトップも、秀吉の耄碌ぶりを笑わず、晩節を汚すことのないように、「終わり良ければ全て良し」という言葉を肝に銘じるべきではないでしょうか。

英文 Things that I like are not always other people's favorite things, so I realise that my organisation's staff members dislike many of the things that I prefer.

コラム⑫

悲劇を招いた戦国の父娘・最上義光と駒姫

東北の梟雄・最上出羽侍従義光(もがみでわじじゅうよしあき)(1546~1614)は、出羽山形の国人から最終的には57万石の大大名にまで昇り詰めた。孫の代で改易されて、かろうじて子孫が近江大森(おうみおおもり)の交代寄合(こうたいよりあい)の旗本として存続したものの、義光の悪名ばかりが浮き彫りにされて、その功績が著しく低く評価されている。

義光は子供運に恵まれていない。子宝に恵まれなかったという意味ではなく、授かった男女が揃って不幸な人生を送っているからだ。人生というものは常に選択の連続であるのは言うまでもないが、義光の場合は自分の子供に関わることで、致命的な判断ミスを犯している。

義光は娘婿をだまし討ちにするなど、かなり悪行を重ねて大身の大名にまでなったこともあるが、その報いにしてもあまりにも過酷である。長男を暗殺せざるを得なかったのは、徳川家康の覚えめでたい末子の家親に、最上家を相続させることが家の為だと判断したからであろうが、結果としては取返しのつかない誤りとなった。

話は前後するが、豊臣秀吉が後北条氏を滅ぼし、更に東北地方を鎮圧する為に、甥の秀次を大将(トップ)として蒲生氏郷や浅野長政らを派遣した際、義光は伊達政宗と共にその先導役を務めた。秀次が山形城に立ち寄った際、義光の13歳になる娘、駒姫が目に留まった。山形娘ならではの色白の美人であったものの、まだ幼い少女ということで義光は、翌年に改めて京へ上らせることを約した。

関白となった秀次は、実子の生まれた秀吉の勘気に触れて、高野山で切腹となり、その直後に駒姫一行が到着し、そのまま四条河原で秀次の正室や側室や子供たちと共に処刑されてしまう。

秀次憎しの秀吉は、義光の助命嘆願を一切聞き入れなかった。最上家の安泰と繁栄の為に、次期天下人の秀次に娘を差し出した義光の目論見(もくろみ)は敢え無く消滅した瞬間であったが、義光の夫人はこの知らせを聞いた2週間後に亡くなっている。

四条河原で晒された秀次の首の前で、処刑された女子供を哀れに思った京の人々は、その亡骸を手厚く弔った。現代でも若いカップルが行き交う賑やかな通りに、ひっそりと佇む瑞泉寺にある秀次の墓所に、他の側室や子女と共に駒姫の墓も並んでいる。

『名将言行録』の著者である岡谷繁実は、山形生まれにもかかわらず、この義光を何故か収録していない。

▲豊臣秀次の首塚（京都市中京区・瑞泉寺）

▲豊臣秀次・切腹の間
（和歌山県高野町高野山・金剛峰寺）

▲最上駒姫の供養塔
（京都市中京区・瑞泉寺）

42

逆境時に見える人間の本心

浪人せし時は、実に見継ぐも者は稀なるものなり。

【前田 利家 1538~1599】

近世は米の収穫高で各大名の勢力が示されましたが、米1石が大人一人の1年分の米の消費量とされていました。当時、日本全国で1年の収穫高は凡そ3000万石で、その中で最大を誇ったのが、誰もが知る「加賀100万石」であり、その藩祖こそが前田大納言利家です。

利家は尾張で2000貫の国人の家に生まれ、14歳で小姓として織田信長に仕えます。利家は長身で美形な上に、派手な格好をした傾奇者でした。

「肝に毛が生えているのか」と信長に言わせる程に戦場で長槍を奮って活躍し、赤母衣衆という信長の直属親衛隊メンバー19人の一人に選ばれ、又左衛門と名乗っていた利家は、「槍の又左」として勇名を馳せます。後年のバランス感覚溢れる人格者となった利家の片鱗は、全く見ることができない程、若い頃の利家は短気で荒々しく猛々しい、まさに戦国時代の武士でした。

豊臣秀吉とは信長の組織において、お互いに地位の低い若い頃からの親友であったことは現代でもよく知られていますが、利家のメンターでもある柴田勝家が秀吉と戦うことになった時、「その方は秀吉と昵懇であるから、あちらへ与するのは仕方ない」と勝家が言っていますので、歴史の後付けでなく、本当に仲が良かったのでしょう。国人の家に生まれた身分ながら、氏素性

中文 不走运的时候，很少有人关心。

の知れぬ秀吉を同じ組織に属したとは言え、この時代において親しく付き合っていたという事実は、利家の人物本位の人柄を物語っているとも言えます。

同僚で個人的に確執のあった佐久間盛政が、勝家と共に滅んでから、盛政の二人の弟が後北条氏に仕えた後に秀吉に降伏した際、利家はこの二人の助命を進言しています。またそれ以前に、利家とライバル関係にあった佐々成政が、織田信雄と徳川家康に同心して秀吉に反旗を翻し、後に降伏した際、これを殺すか助けるか迷った秀吉に対して、利家がアドバイスします。

――**反する者は之を撃ち、降る者は之を助け給え。**

秀吉はこの提言を採用します。利家が情け深く、人の面倒見が良かったのには理由があります。永禄3（1560）年の**「桶狭間の戦い」**の前年、信長に茶道や能楽、碁などの芸事と雑務で仕える同朋衆の一人が、つまらぬ悪戯や度重なるちょっかいを出してくるのにキレた利家は、信長の面前でその男を斬殺して出奔します。親しかった森可成、柴田勝家の取り成しで死罪は逃れて浪人となりますが、信長の逆鱗に触れた利家に対し、かつて親しかった者のうちで2、3人しか、近寄って来なくなったそうですが、その一人が秀吉でした。

▲前田利家の墓
（石川県金沢市野田山・前田家墓所）

また**「小田原征伐」**で在陣中、利家が秀吉の勘気に触れた時、日頃から兄弟と認め合っていた木村重兹をはじめとして多くの者が批判に回った時、浅野長政と蒲生氏郷の二人だけが取り成してくれたと述べ、本項フレーズで**「浪人した時は、面倒を見てくれる者は少ないものだ」**と懐古したそうです。いつの時代にも、実利的で冷たい人は多いものです。

英文 When I was in a fix, nobody minded me at all.

43

正々堂々と誠実に振る舞う

我、日来、誠実を以て人に交われり、去れば何ぞ恐るることあらん。

【長曾我部 元親 1539~1599】

子供の頃は長身ながらも色白で内気な為に、「姫若子」と揶揄された長曾我部土佐守元親は、後に「土佐の出来人」と呼ばれるような片鱗は全く無く、父の国親はかなり悩んだそうです。

鎌倉時代から土佐の国人領主の長曾我部氏は元親の祖父の代に没落しますが、父が苦難の末に元の地位に返り咲きます。その跡取り息子の元親は、外見は弱々しく見えましたが、しっかりと梟雄のＤＮＡを受け継いでいました。初陣の前、槍の使い方と大将の心掛けについて、近習の剛の者に元親が尋ねます。その答えは次のようなものでした。

「槍は敵の目の間を思い切って一突きするものです。リーダーたる者は掛からず、退かず」

この言葉を忠実に守った元親は、形勢が不利の中で敵二人を槍で突き倒して味方を鼓舞し、敵城まで落とすという大手柄を挙げます。頼りなく見えた若武者が、実は勇気と智略を兼ね備えた優れたリーダーであることを初めて内外に知らしめたのです。

天正3（1575）年、元親は多くの豪族がひしめき合った土佐一国を統一し、更に四国平定を目指す元親は、自らの組織に属するメンバーに向けて、

中文 平日诚恳待人，与人打交道时便没什么可以畏惧的。

――**一芸に熟達せよ。多芸を欲す者は巧みならず。**と武芸を磨き、兵法を含む漢籍を学び、教養を磨くにあたっての戒めを述べ、十五ヶ条に及ぶリーダーたる者の心得を定めます。そして、その理由を元親はこう述べています。

「組織の興亡を考えると、上に礼があり下に義がある時は、必ず組織は強くなり、上に礼が無く下に義が無い時は、必ず滅んでいる。下に義があっても上が礼を知らない時は、その組織は不安定だが、上が礼を知っていれば下が義を知らないことはなく、その組織はトップ次第で変わるものだ。だから、トップは信賞必罰でマネジメントすることが最も大切である」

天正13（1585）年に四国をほぼ統一するものの、豊臣秀吉に降伏します。臣従の意を示すべく大坂へ上ろうとした際、暗殺を畏れた家臣たちが元親を引き留めます。**「敵対したが天下人の言葉を信じる」**と元親は断言し、**「自分は日頃から誠実をもって人と交際しているので、何を恐れることがあろう」**と本項フレーズで家臣たちに決意を示します。その誠意あることを認めた秀吉は、元親を降将としてでなく、土佐の英傑として歓迎しました。

翌年、秀吉の**「九州征伐」**に元親も出兵し、秀吉軍の総大将である仙谷秀久の無能な指揮によって島津勢の罠にはまり、嫡男の信親が22歳の若さで戦死してしまいます。

▲長曾我部元親の墓
（高知県高知市天甫寺山）

英才教育を施した文武両道の自慢の後継者を失うというオーナー経営者の盲点を突く惨事によって、長曾我部氏という組織は一気に不安定となり弱体化し、元親が亡くなると実質的に崩壊してしまいました。

英文 I usually go out with a faithful person, so what should I be afraid of?

44

何をもって人が動くのかを知る

必ず金銀にて人を使わんと思わるるは、人心の離るる本なり。

【大谷 吉隆　１５５８～１６００】

戦国時代に「義」に殉じた武将と言えば、**大谷刑部少輔吉隆**の名前が直ぐに上がるでしょう。改名前の**吉継**の名の方が、よく知られています。羽柴秀吉が近江長浜城主となった頃、母方の縁で秀吉の小姓となった吉隆は、ほぼ同時期に小姓となった石田三成と親友になります。

吉隆は勘所の良さから秀吉に大いに気に入られ、秀吉が織田信長から中国地方攻略を命じられた際には、加藤清正、福島正則らと共に馬廻衆、つまり親衛隊の一人として従軍します。

秀吉が天正14（１５８６）年7月に従一位・関白となった時、吉隆は従五位下・刑部少輔に、三成は従五位下・治部少輔に、その他10人と共に叙位叙任されます。三成らと共に秀吉の若手側近として活躍し、天正17（１５８９）年、越前敦賀城で2万石を与えられて大名に列せられます。

――紀之介（吉隆の幼名）に１００万の大軍を指揮させてみたい。

と吉隆は秀吉から、その武略を讃えられていますが、**「九州征伐」「朝鮮出兵」**で兵站責任者や軍監を務めていることから、三成のようにその智略も認められていたようです。しかしながら、吉隆は脂が乗って働き盛りの頃から、病を患った為に表舞台の活躍が減ります。

慶長５（１６００）年に徳川家康が上杉景勝討伐の兵を起こした際、三成の息子を同道して家

中文 正是想用钱财使唤别人的态度，叫别人的心远离与你。

康に従軍すべく、刑部が佐和山城へ到着します。その時に三成から家康打倒の挙兵の意志を聞かされ、味方するように誘われますが、三成の人徳の無さを忌憚なく指摘して敗北は必至であるとして断ります。しかしながら、長年の友情の為に三成を見捨てられずに結局は与する決断をします。今日では誰もが知る逸話ですが、実はそれ以前に三成が自らの才智を誇って人を見下し、驕り高ぶった態度について、吉隆は次のように意見しています。

「常々金銀を大切にしているようだが、人に金銀を与えれば何でも解決できると思って、お前は組織のメンバーにもそういう扱いをしている。それは心得違いではないか」

と厳しく指摘して、金銀は第一の宝であっても、その使い方が悪ければ害を招くもので、金銀で心服させた者は、一大事の時には役に立たたないものだと明言します。そして、

――主人、貧しき時には、自ら礼儀も厚ければ、士の思い付くことも深し。

人は金銭でなく、礼儀を以て人格を尊重されることに意気に感じるもので、貧しくても苦楽を共にするからこそ、命を懸けて働いてくれるものだと言ってから、本項フレーズで金銭で人を使おうと思えば思う程、人の心は離れていくのが分からないのかと三成を批判します。

▲大谷吉隆の供養塔
（岐阜県関ケ原町）

三成のように才智に溢れ、合理的なマネジメントを徹底的に励行していないにもかかわらず、金銭の多寡で人が動くと信じている現代のトップも少なからず存在しています。勿論、自分では全く気が付かないものですので、まずは三成を笑わずに、セルフチェックするのも、良いのではないでしょうか。

英文 If you want to employ a man using only gold and silver, no one will follow you from the bottom of his heart.

45

徳恵礼儀を以て、根本を培養せざるは甚だ危殆なり。

【島 友之 1540~1600】

——治部少（石田三成）に過ぎたるものが二つあり、島の左近と佐和山の城。

という落首で有名な島左近友之は、生まれや実名も含めて来歴がはっきりしません。しかしながら、実際に「軍師」という言葉が使われたかは別としても、左近が石田三成の家老にして重要な補佐役（パートナー）であり、「関ヶ原の戦い」で大活躍したことは間違いありません。

左近は大和の国人である筒井順慶の家老として武名が知られ、その後継者の定次と反りが合わないことから筒井家を離れて豊臣秀長に仕えました。秀長の死後に左近が浪人すると、諸大名から舞い込む仕官話を全て断りますが、三成が自分の4万石の禄高のうち半分の2万石で召し抱えるという破格の待遇と心意気を示したことで、左近は三成に仕えることに決めました。

左近はいつも忌憚なく三成に諫言したらしく、『名将言行録』にも、三成が滅んだのは左近の進言を無視したからであると指摘されています。ある時、三成が左近らと大坂城の天守閣に登り、「乱れた天下を太閤殿下が統一なさって、このような繁栄した世の中をつくられた。人々の嬉しそうな顔を見て、喜びの声を聞けば、どこに秀頼公の未来を祝福しない者がいようか」と四方を眺めて見下し、満足気に語ります。三成自身が秀吉政権においてマネジメントを任せ

中文 不讲道德礼仪，不提高自己的品格的话，很危险。

られていたので、自画自賛していたのでしょう。その驕った気配を悟った左近は屋敷に戻ってから、

「昔から天下人の本拠地には、大勢の人々が集まり、賑やかになるのは自然のことで、何も天下人の徳を慕ったからではなく、単に利益を求めて商売をしているからです」

と指摘してから、次のように三成の慢心を諫めます。

「この城下から2、3里も行けば、あばら家に住んでいる者も多く、飢えていたり、道端で死んでいたりする者もいます。近くの繁栄だけを見ていては、遠くの庶民の苦しみを感じることはできません。大坂で枕を高くして安眠している場合ではなく、迫り来る危機に備える為に、武力を整えるのではなく、人々を大切にして慈しむことが肝要です」

そう左近は述べてから続けて、

「城下の繁栄に驕り、人々の憂いや苦しみを理解せず、兵を鍛錬したり城を修繕したりするようなことばかりでは、人々の支持を失うのは必定」

と前置きしてから本項フレーズを述べました。**「組織というものは、徳と礼節によって基盤をしっかりと育てなければ、不安定となり非常に危険なものだ」**と諭した訳です。

▲伝・島左近の墓
（京都市上京区・立本寺）

頭脳明晰な三成からすれば、言われなくてもそんなことは分かっていたのでしょうが、「頭で理解する」ことはできても、「身に染みて感じる」ことができない生粋のエリートでした。三成の悲劇は、秀吉に仕えた若き頃の現場感覚がいつの間にか鈍くなってしまっていた自分に気付かなかったことです。

英文 It is dangerous, without being based on respect and courtesy, if you do not improve your personality on a regular basis.

46

死に様に見せるリーダーのプライド

吾、打ち負けしは天命なり。

【石田三成　1560~1600】

人はいずれ死ぬものですが、その死に様によって、その人間の生き様も全てが白日の下に晒されるものです。士は死に際が見苦しくないこと、泰然自若で従容として死を受け入れてこそ、その覚悟と誇りを歴史に鮮やかに残すことができるものです。その意味で、**石田治部少輔三成**は、第一級の士、即ちリーダーたる者であったことは疑いありません。

自信過剰で己の才智を鼻に掛け過ぎたような三成の姿が、歴史ドラマや小説などで描かれる傾向がありますが、徳川光圀の次のような三成評が**『名将言行録』**に記されています。

——三成は悪人ではなかった。人はそれぞれ主君の為に行うという言葉がある。三成が行ったことはまさにそれであり、徳川の敵であっても憎んではならない。

家康の孫であり、歴史家でもあった光圀が「敵ながら天晴れ」と讃えています。

三成が**「関ヶ原の戦い」**の敗戦の責任を負って、小西行長や安国寺恵瓊と共に六条河原で処刑される直前、喉が渇いて湯を所望した時、水がないので柿を警護の者から勧められ、「それは身体によくない」と断ったところ、皆が大笑いした際、

——**大義を思う者、たとえ首を刎らるる期まで、命を大切にして何卒本意を達せんと思うもの**

中文 我在战斗中输掉是因为天命。

なり。

と答えたことは有名な逸話ですが、三成が捕らえられて直ぐに大津の徳川家康の陣に送られた際、本多正純が身の程も弁えないで戦を起こしたからこうなったのだと嘲笑しました。

「一般人から大名に取りたてられた豊臣秀吉への御恩の為、家康を滅ぼさなくてはならないと思い立ち、上杉と宇喜多を無理に仲間に引き入れたが、裏切り者が出た為に勝てる戦に負けたのは悔しい。運が尽きれば、源義経でさえ衣川で滅んでしまった」

と三成は答えて、本項フレーズできっぱりと正純に反論しました。正純は更に何故に自害もせずに捕らえられたのかとなじると三成は激怒して、源頼朝が大庭景親に敗れて朽木の洞に身を潜めて隠れた故事を引いて、

——大将の道は語るとも、汝が耳には入らじ、今は是までなり。

「リーダーたる者の道を説いても分からんだろうから、これ以上の話は無駄だ」

と正純に吐き捨てた後、口を利かなくなりました。しばらくして家康が三成に引見して、

「どんな武将でもこうなることはあるもの。恥ではない」

と語り掛けると、三成は機嫌を直して次のように堂々と答えます。

——ただ天運の然らしむ所にて候、疾々首を刎られ候へ。

家康は「三成はさすが大将の器量がある」と褒め称えます。三成は縄目を受けたことは、亡き秀吉への御恩返しなので、どうして恥と思うかとも語っていたそうです。

▲石田三成の逆修塔
（和歌山県高野町高野山・奥之院）

英文 It was my destiny that I lost the war.

コラム⑬

勝者にもかかわらず敗将となった悲運の名将・小野木縫殿助

「戦国時代」における悲運の武将として名を挙げるとしたら、**小野木縫殿助公郷**（1563〜1600）を忘れることはできない。公知、重勝、重次という複数の諱が伝わっているが、シメオンという洗礼名を持つキリシタンであった。

縫殿助は、豊臣秀吉が近江長浜城主となった頃に、親衛隊である黄母衣衆として仕えて、**「小牧長久手の戦い」**に参加し、天正13（1585）年7月に秀吉の関白就任に伴って、石田三成、大谷吉継らと共に従五位下に叙位され、縫殿助に叙任されている。秀吉の子飼いの武将として**「小田原征伐」「朝鮮の役」**でも活躍して、文禄3（1595）年には丹波福知山4万石に封じられている。

「関ヶ原の戦い」では親しかった石田三成に与し、丹波の諸将を率いて1万5000の軍勢で丹後田辺城に500の兵で籠る細川幽斎を攻めた。

50日間の籠城戦の末、幽斎の才能を惜しむ後陽成天皇の勅命によって停戦となった。寄せ手には幽斎と親しかった前田玄以の息子である茂勝をはじめ、歌道の弟子や知人が多くいたことから、本気で城攻めをする者もなかった為、幽斎の降伏までいたずらに時間を費やしてしまった。これが縫殿助の、ひいては西軍の不運に直結した。

幽斎が開城した2日後に**「関ヶ原の戦い」**が行われ、縫殿助を大将とする1万5000の将兵は、勝利を収めながらも敗軍となってしまった。縫殿助は自らの福知山城に帰って籠る一方で、井伊直政を通じて徳川家康に降伏を申し出た。

しかしながら「関ヶ原」から怒り心頭で急ぎ戻った幽斎の息子である細川忠興が、福知山城を囲む。家康より仲裁の使者が派遣され、縫殿助は開城して剃髪出家して、丹波亀山城主の前田茂勝の庇護の下に寿仙院に入って謹慎した。茂勝はコンスタンチノという洗礼名を持ち、縫殿助とはキリシタン仲間でもあった。

面子を潰されたことへの怒りの収まらない忠興は、家康からの赦免の使者が到着する前に、助命すると誘い出した縫殿助に腹を切らせた。一説には幽斎の面前で、縫殿助に切腹させたとも言われている。武将として縫殿助は、これから脂が乗る38歳であった。

縫殿助の妻は、島左近の娘でジョアンナという洗礼名を持つキリシタンで、父の戦死と夫の自害の知らせを聞いて、自らの命を絶ったという。忠興の妻で非業の死を遂げたガラシャ夫人もキリシタンであったことは、偶然ながらも不思議な縁を感じずにいられない。

４００年近い風雪に晒されて、表面がひび割れして剥げ落ちた古い墓石と共に、全く同じ碑銘で新しく複製された縫殿助の墓が、自刃した寿仙院の裏手にひっそりと建てられている。

▲小野木縫殿助の墓（京都府亀岡市・寿仙院）

▲小野木縫殿助の旧墓（新墓の後隣）

47

常に即断即決で動く

遁すまじき敵と見ば、敵にてあるべしと申し聞かすよりは、早く掛かるべきことなり。

【井伊 直政 1561〜1602】

徳川家康をトップとする大組織において、メンバー筆頭の大幹部と言えば、「徳川四天王」の一人である**井伊兵部少輔直政**です。井伊氏は遠江の国人で、駿河守護の今川義元に服属し、当主の井伊直盛が「**桶狭間の戦い**」で戦死し、次の当主の直親も暗殺されて力を失います。その直親の遺児が、家康の小姓となって家を再興した直政です。

直政は甲斐の武田氏との戦いで武功を挙げます。「**本能寺の変**」後に家康が武田の旧領を支配下に収めると、直政は勇猛で知られた武田の旧臣たちを任され、武田の名将・山県昌景（13項）の赤一色の軍装を真似て、「井伊の赤備え」と後に称される精鋭部隊を組織します。直政以下のこの外様部隊は、常に先鋒を務めて犠牲を払って活躍します。

天正12（1584）年の「**小牧長久手の戦い**」で、この直政の赤備え軍団は勇猛に戦います。小柄で童顔な直政が長槍を振り回して奮戦する姿に、敵方の羽柴秀吉の将兵たちは、「井伊の赤鬼」と恐れます。秀吉と家康の和睦がなった際、秀吉が直政を引見して「あの赤鬼か」と自らの帯刀を与えて、その武勇を讃えたそうです。

中文 追赶逃跑的敌人，在报告有敌人之前，应该先立刻追赶。

「**小田原の役**」でも活躍した直政は、家康が関東八州へ移封されると、上野箕輪城12万石を与えられます。家康の組織において、最高録の待遇でした。これは秀吉の特命によるものとされていますが、家康も全く異存はなかったでしょう。

家康の組織において直政の外様ながらの大出世は、信長の組織での明智光秀と同じ位置にいたことになります。光秀と同じく直政も、武略だけでなく対外交渉力やマネジメント力に秀でていました。あの小早川隆景が、

――直政は小身なれども、天下の政道、相なるべき器量あり。

「直政ならば天下のマネジメントができる」と高く評しています。秀吉の死後、京都にあって諸大名を家康サイドに取り込む為の工作を担当したり、「**関ヶ原の戦い**」後は、敗北した西軍側の武将を家康に取次ぐ役を務めて戦後処理に注力したりして、直政はその手腕を発揮しました。特に毛利や島津が存続できたのも、直政の現実的で高い実務能力があったからです。

「**関ヶ原**」では、家康の四男にして娘婿の松平忠吉の初陣を飾る為に直政は奮戦し、戦いの終盤、必死の形相で戦場から離脱しようとする島津勢を前にして傍観する直政の将兵たちに、「**敵だと認識したら、つべこべと報告する前に、直ちに追いかけよ**」と直政が叫んだ本項フレーズは、陣頭指揮の直政の日頃からの即断即決即実行の方針を物語っています。

直政が追い掛けて島津勢を討ち取りますが、鉄砲で狙撃されて足に大怪我を負ってしまいます。その鉄砲傷が悪化して、僅か1年と少しばかりで亡くなってしまいました。

▲井伊直政の墓
（滋賀県彦根市・清凉寺）

英文 Whenever you find the enemy escaping from the battlefield, just run after them before reporting to me and saying that there is the enemy.

48

勝利する為に最も大事なこと

終わりの勝ちを計れ、ただ勝つべきとのみ思えば、敗を取るなり。

【黒田 孝高 1546~1604】

豊臣秀吉に天下を取らせた男とも言うべき**黒田官兵衛孝高**は、出家した**如水**の名で知られています。頭の回転が早く、常識に囚われない奇策を練る稀代の戦略家であった如水は、秀吉から「ウチの張良」だとか「楠木正成の再来だ」と絶賛されています。

如水は腕力がモノをいう戦国時代において、主の秀吉と同じく知力で伸し上がった男です。身体的なハンディで馬上で槍を振り回せなければ、頭脳で勝負するしか手柄を立てる術はありません。晩年まで秀吉は、如水に対して嫉妬に似た猜疑心で次のように語っています。

「自分の後に天下を狙うのは、前田利家や徳川家康でなく如水であろう」

秀吉の猜疑心は如水が、どんなに大功を立てても10万石以上は与えないと言ったことでも明白です。如水の方は仕えるトップの心の機微を察して、粛清されずに見事に生き残ります。「**関ヶ原の戦い**」後に、徳川家康が天下を握ると、家康の覚えめでたい息子の長政に黒田家を譲って、早々と隠居してしまいました。保身と処世術も見事です。

長政は父に似ずに生真面目さや愚直なことから、如水は長政に辛辣なところがあります。

中文 最终取胜即可。不要总想着必须胜利，这样反而会输。

かつて秀吉の**「九州征伐」**で第一の大功とされた如水は、豊前6郡を与えられましたが、前領主の遺臣たちが反乱を起こします。その平定戦で失態を犯した長政が、「面目ない」と布団を被って引き籠った様子を見た如水は、息子が汚名挽回を期して死ぬ気だと悟り、翌日の出陣に際してはベテランの将兵を長政に付けます。黒田勢は反乱軍を猛攻し、長政も敵将を自ら討ち取り、更に攻め進もうとするところをベテランたちが長政を抑えつけて連れて帰ります。

「若者は懲りなければ、考えも練ることができない。最終的に勝利を得る為にどうすればよいか考えよ。勝つことばかり考えていると、負けてしまうものだ」

と本項フレーズを述べてから、項垂（うなだ）れている長政を諭して、次のように勝利の秘訣について教えています。

「リーダーたる者は、タイミングを見計らって慌てずに軽率な行動をしないから、遂には勝利を収めることができるのだ」

この他にも「信賞必罰」を心掛けた如水は、組織マネジメントの大切さを長政に次のように教え諭しています。

▲黒田孝高の墓
（福岡市博多区・崇福寺）

- **トップは自分自身を律して、メンバーの手本とならなくてはいけない。**
- **人には気が合う合わないがあるが、トップは気に入りの者だけを使うな。**
- **トップが辛抱を忘れてしまえば、誰もトップに従う者はいない。**

英文 Winning too much will always sow the seeds of defeat.

コラム⑭

外国との交渉で疲弊した父と婿 小西行長と宗義智

豊臣秀吉の「朝鮮の役」の際、第一陣として釜山へ上陸したのが、**小西摂津守行長**（こにしせっつのかみゆきなが）（1558〜1600）が率いる7000人と**宗対馬守義智**（そうつしまのかみよしとし）（1568〜1615）に従う5000人らである。この第一陣は僅か2ヶ月ばかりで、漢城（ソウル）を超えて深く平壌まで一気に進軍して占領している。

行長はその才覚を秀吉に気に入られて、商人から肥後宇土20万石の大名に取り立てられ、当時では珍しく、算盤勘定が得意の武将であった。

その娘婿である宗義智は朝鮮と九州の間の対馬を支配する家に生まれたことから、農作物による収入ではなく、異国との交易の窓口として領地をマネジメントすることを宿命付けられた異才の武将である。この二人には商才に恵まれているという他に、共にキリシタンであるという共通点があった。行長はアウグスティヌス、義智はダリオという洗礼名が伝えられている。海外との交易の為には、西洋の宗教を受け入れることは有利であった。

秀吉が大明征伐の為に朝鮮国に対して先導役を命じることになり、その交渉の為に義智は朝鮮にまで渡ったものの、日本とは常識や価値観の違う朝鮮国と秀吉の間の溝を埋めることはできなかった。室町時代を通じて宗氏は、倭寇の基地とされた対馬を治める顔を持つ一方、大内氏や畠山氏をはじめとする日本諸州の守護大名21家の対外貿易の仲介を一手に引き受けていた。

開戦した当初は破竹の勢いで、朝鮮全土を蹂躙した日本軍も、明からの大軍が援兵として送り込まれると、その進軍が阻まれて膠着状態に陥った。その時に秀吉はこの二人に対して、

「対馬の宗は、朝鮮国を従えていると言っていたのはウソであったのか」

と激怒したという話が残されている。自分やその組織の力を大きく見せることはいつの時代でも必要な手段だが、義智は結果として後々まで大きな苦労を自らつくりだしてしまったのである。

義智は「**関ヶ原**」の際には伏見城攻めや大津城攻めに参加したものの、本戦では家臣を派遣して本

人は参戦していないこともあり、朝鮮との国交回復交渉は対馬の宗氏にしかできないと判断した家康がその罪を許している。その際、義智は妻である小西マリアと離縁した。

「朝鮮の役」では、商業活動を通じて収集した外国の情報を豊富に持っていた行長は、日本統一まで武力で一気に制覇した秀吉の手法が、日本国外では通用しないと喝破していたことから、朝鮮には武力で攻勢をかける一方、秀吉を説得する条件で和平に持ち込もうと苦慮する。その過程において、加藤清正らの武断派と対立することになった。

西軍の三成に加担して**「関ヶ原の戦い」**では朝鮮で活躍した兵を率いて奮戦した。キリシタンであることから自害せずに戦場から離脱したが、自首して三成や安国寺恵瓊らと共に首謀者として、六条河原で処刑されている。遺体は信者たちによって引き取られたが、その埋葬地は不明である。五輪塔形式の供養塔が、堺市が管理する広大な堺公園墓地D区画に移設されて残されている。

『名将言行録』には**「関ヶ原の戦い」**に際して行長は、積極的な攻勢案を幾度となく出したものの、三成は全て却下したと記されているが、

「臆病神に取りつかれたら、百万騎の軍勢でも必ず負ける」

と捨て台詞を吐いた行長は、決戦の前夜、側近と最後の酒盛りをして覚悟を決めたという。後に堺の商人たちは、行長が肥後半国の大大名となりながらも、銀子一貫目も貯めずに死んだことを嘲笑したが、商人の生まれであった行長こそ、武士の中の本当の武士であったという証左ではないだろうか。

▲小西行長の供養塔
（大阪府堺市・堺公園墓地）

▲宗義智の墓
（長崎県対馬市・万松院）

49

野心を抱きながら礼節を尽くす

我は天下一人の男となること叶わず、あの女にさえ劣りたるは無念なり。

【徳川 秀康 1574～1607】

『**名将言行録**』では「徳川」姓が冠せられている家康の次男である**松平中納言秀康**は、人生の半分は「結城」姓でした。天正12（1584）年の「**小牧長久手の戦い**」後、家康から羽柴秀吉の許へ養子として人質に出され、元服して「羽柴三河守秀康」と名付けられます。

母親が家康の最初の妻の女中という低い身分であった為、自ら手を付けながらもその身持ちに対して疑問を持った家康は、生まれたばかりの赤子の顔が魚に似ているとか難癖を付けて、子供として認知をしませんでした。それを後に知って不憫に思った家康の嫡男である信康の計らいで、秀康は3歳の時に父と初めて対面したそうです。

実父に可愛がられた記憶がなかった秀康は、意外にも人質に出された秀吉のところで可愛がられます。秀吉の許に集まる当時一流の武将たちを身近にして育ったことから、優れた若武将に成長して「**九州征伐**」で大功を挙げますが、秀吉に男子が誕生した後、秀康は関東の名族であった下野の結城氏の婿養子に出され、11万石を継ぎます。

「**関ヶ原の戦い**」のきっかけとなる家康による会津征伐の際、石田三成挙兵の知らせで小山から

中文 我没成为天下第一的男人，还不如那个跳舞的女人，真的太遗憾了。

家康が西へ向かう際、上杉景勝に後背を襲われないよう家康は、武勇に優れた秀康を指名して殿として宇都宮へ留め置きました。西軍惨敗の知らせを聞いた景勝は、この秀康に降伏を申し出ます。秀康は上杉家が絶えることがないようにと家康に積極的に取り成しをしていることから、男気に溢れる人物だったのでしょう。

また、弟の秀忠が二代将軍に就任した際の儀式において秀康は、同じ中納言の景勝が先任であることから、景勝に上座を譲ろうとしたので、その場にいた諸大名から感嘆の声を挙げさせてもいます。秀康が、「惻隠の情」に溢れた礼節を知る真の武士、即ちリーダーたる者であったということです。

▲徳川秀康の霊廟
（和歌山県高野町高野山・奥之院）

家康が後継者問題を幹部たちに諮問した時、家康の最も信頼する謀臣の本多正信は、秀康を推しています。弟の秀忠が後継に選ばれ、秀康は越前北庄城で68万石の大封を与えられ、伏見城代を任されていた時、歌舞伎踊りで有名な「出雲の阿国」の舞を見物した秀康は、水晶玉より珊瑚玉の首飾りが似合うとして、

――**天下に幾千万の女あれども、一人の女と天下に呼ばれたるは此の女なり。**

と阿国が天下でただ一人、即ち「日本一」の女だと激賞した後、本項フレーズを述べました。秀康には心の奥底に秘めた野心がメラメラと静かに燃えていたことが窺えます。

現代の組織において、トップの後継候補の一人に擬せられながらもトップに立てなかった時、秀康のような気概と礼節を持った人間であり続けることが容易にできるものでしょうか。

英文 I was unable to become the world's best samurai leader. It is a matter of regret to be inferior to the world's best female dancer.

50

鋭い嗅覚とスピード感で行動する

神速脱兎の如くならば、彼を援くるの人多しと雖も、助力するの暇ある可からず。

【津軽 為信 1550～1608】

津軽右京大夫為信は、突然に湧いて出て来て、ゼロから確固たる大名の地位を築き上げた生粋の叩き上げです。その出自には様々な伝説があり、北東北の雄である南部氏の末端に名を連ねた一族に生まれたらしく、父が亡くなってからその後妻であった母と共に追い出されて、転がり込んだ先が現在の青森県西部の津軽地方の国人である大浦為則でした。その娘で美人の誉高い阿保良と為信が懇ろとなったところ、たまたま為則が病死したことから、為信は娘の婿として大浦家を継ぐことになり、立身のきっかけとなりました。

その素性はなんであれ、他人が支配する地において、奸智をもってそこの一部をかすめ取って独立勢力をつくり上げ、生き残った為信の才覚や生き様から、企業に勤めながら大志を抱いて虎視眈々と独立を夢見る者にとっては、参考となる点もあります。

為信は津軽地方に代官として派遣された南部一族の石川高信に対して、最初は低姿勢で臨んで近付き、城の普請に精を出して信用させます。やがて高信が油断して隙を見せるや、

――**戦は兵の多少に寄らず、唯、其の主将の方略如何にあるのみ。**

中文 如兔子般神速逃离的话，他的援兵再多，也来不及帮忙了吧。

と為信は躊躇する重臣たちを制し、「**もし不意を突いて事を起こせば**」と言って、本項フレーズで決起します。豹変した為信は高信を血祭りに上げて、その領地を奪います。この高信の息子である信直が後に南部本家を継いだことから、津軽と南部は犬猿の仲となりました。更に浪岡城にいた信直の弟である政信に対して為信は、自分の妹または娘と言われる肉親を側室に送り込んで油断させ、妹共々毒殺してしまうという手段を選ばない非道ぶりを発揮します。

婿にして油断させてから殺害する手法は、出羽の梟雄である最上義光を彷彿させます。隣国の出羽で最大勢力を誇ったその義光に面会するべく為信は、羽黒山詣でを口実に僅か15人の供を連れ、津軽から船で山形の義光の許を訪れます。

▲津軽為信の供養塔
（青森県弘前市・革秀寺）

そこで義光から、天下人となった豊臣秀吉に認めてもらえば、領地を安堵されることを教えられます。すると為信の行動力は凄まじく、都から津軽へ流れ着いた公家の孫を自称し、莫大な財宝を献上して、近衛前久に縁戚と認めてもらった上で秀吉への紹介状を書いてもらいます。小田原へ進軍の途にある秀吉に沼津で追い付いた為信は、津軽を領有する安堵状を発給してもらうことに成功します。数日遅れで秀吉に参陣した南部信直が、為信は裏切り者の不倶戴天の敵であると抗議しましたが、既に後の祭りでした。

携帯もパソコンもスパイ衛星もない時代の辺境において、為信は中央の情報を収集するというこの時代の人物とは思えない程の鋭敏さと「先見の明」を持ち、何よりも相手の機先を制するスピード感を備えた抜群のリーダーたる者でした。

英文 If we act with lightning speed, his allies will not even have time to come to the rescue.

51

立場に相応しいリーダーシップとは

思慮なき人も、思慮ある人も、功名するなり。

【本多 忠勝 1548〜1610】

豊臣秀吉は農民から天下人に一代で成り上がったことから、自分の組織には代々仕える譜代のメンバーがいませんでした。特に組織のトップマネジメントを任せられる人財は全くおらず、幹部となりそうなこれはという武将を見付けると、自分の下へ積極的に勧誘しました。小早川隆景、石川数正、長束正家、立花宗茂、鍋島直茂などがそれにあたります。

一方、天下人の秀吉からの直々のスカウトに対して命を張って断ったことで知られるのは、直江山城守兼続、片倉小十郎景綱などと共に、**本多平八郎忠勝**がいます。秀吉が忠勝の武勇を非常に買っていた逸話が、『**名将言行録**』の「本多忠勝の巻」以外にも幾つか残されている程です。

秀吉は忠勝のことを「**日本第一の勇士**」と激賞しましたが、勇猛果敢で知られる忠勝は、徳川家康に従った生涯において、大小合わせて57度の合戦に出て活躍したにもかかわらず、身体に傷跡一つなかったそうです。先頭に立ちながらも、腕力だけでなく、駆け引きにも巧みな智略を備えていた証拠でしょう。

槍一本で出世したかのような忠勝ですが、思慮のある人が功名を挙げるのか、それとも、思慮のない人が功名を挙げるのかと問われた時、本項フレーズで答えました。続けて、

中文 深思熟虑的人，轻举妄动的人，都可留下功名时。

「思慮のある人は、メンバーを動かして大きな功名を挙げ、思慮のない人は、槍一本の働きで小さな功名を挙げるものだ」

とあっさりと答えています。また忠勝は日頃から次のように言っていたそうです。

「リーダーたる者は、自分の組織のメンバーから恨みを受けないように努めよ」

ある時、息子の忠政と忠朝が共に槍の稽古をしているのを見た忠勝は、

「ワシが若い時は自分一人であったので、槍働きが第一であった。ウチも今ではある程度の人数からなる組織を任されるようになったのだから、マネジメントの仕方とか、戦略の立て方とか、トップとしての役割に有用なことを学ぶのが第一ではないか。槍の稽古が悪いとは言わないが、ポジションに相応しいことを稽古するべきであろう」

と現実的な指摘をしています。「関ヶ原の戦い」の翌年にその功績から伊勢桑名（いせくわな）10万石を与えられて大出世した忠勝は、人がそれぞれの人生における段階や組織における地位にある時、そこで力を発揮する為の最大限の努力こそ、リーダーたる者にとって肝要な心掛けであると明言しています。この言葉は現代の組織に生きる者にとって、そのまま使うことができる至言ではないでしょうか。

▲本多忠勝の墓
（三重県桑名市・西岸院浄土寺）

晩年、長く病に伏せることが多かった忠勝は、臨終に際して次の言葉を残しています。

「士（サムライ）は首をとらないで、手柄を挙げなくとも、困難に際しては逃げないことが大事。トップと共に死に物狂いで働く忠義ある者こそ、本当の士（サムライ）である」

英文 Not only the one without the consideration but also the one with consideration can make an achievement.

52

芸を知りたるも悪きにあらず、然れども長じたるは宜しからず。

【堀尾 吉晴 1543～1611】

安土桃山時代には槍一本の働きで一国一城の主になった者が幾人かいますが、その筆頭格といえば**堀尾帯刀長吉晴**でしょう。16歳で初陣し、40年の間に大小の戦で自ら先陣を切って戦って首を挙げ、将として兵を指揮して城を落とし、その高名は少なくとも22回に及びました。しかしながら、本人から自分の武功を誇る言葉を誰も聞いたことがなく、その事実を確かめたいと思った息子の忠氏が尋ねても、吉晴は黙して一切を語ることがなかったそうです。

尾張の国人の家に生まれた吉晴は、初名を茂助と言い、父が服属する守護代の織田信安が信長に敗れて滅亡した為、初陣で一番首を挙げながらも父と共に浪人します。やがて信長に仕官し、足軽大将だった木下秀吉の下に配属されます。これが吉晴の人生が開かれる起点となりました。秀吉の出世に従って吉晴も大活躍し、天正11（１５８３）年には若狭高浜1万７０００石の大名になります。この時の生活スタイルは、後に出雲の太守となってからも変わることなく、吉晴は質実剛健の見本と言われるようになりました。

吉晴はその武勇に反して、普段は非常に寡黙で温厚であったことから「仏の茂助」と呼ばれ、秀吉の組織では最古参の幹部の一人として誰からも信頼されました。

中文 作为领袖，喜欢一门技艺并不是不好，但是没必要完全掌握。

天正18（1590）年の**「小田原征伐」**でも吉晴は大いに活躍し、秀吉から、

「ワシが未だ藤吉郎と名乗っていた頃から仕え、幾度の戦場で敗北せずに天下人になったのは、偏（ひとえ）に皆のお陰だが、その中で万人の功労に勝れるのは、茂助じゃ」

と激賞され、関東へ移封された徳川家康の本拠地であった遠江浜松城主として、12万石が吉晴に与えられます。秀吉の亡き後の慶長4（1599）年、吉晴は息子の忠氏に家督を譲って隠居します。本来であれば、ここで吉晴も安寧な余生を迎えるだけのはずでした。

翌年の**「関ヶ原の戦い」**で忠氏が武功を挙げ、出雲富田（いずもとだ）24万石に加増され、吉晴も移住します。しかしながら、慶長9（1604）年に忠氏が27歳で急死してしまいます。その息子である8歳の忠晴（ただはる）が継ぎ、吉晴が孫である忠晴の後見役としてマネジメントに復帰することになります。

吉晴は非常に自分に厳しく、リーダーたる者について、次のように明言しています。

「士（サムライ）たる者、大きな領地や禄を与えられたら、それに報いることは人間の義として当然のことであり、それを理解しない者は、給料を盗む者と同じである」

また一国のトップたる身ともなれば、文武の諸芸を嗜むことは大切だが、熟達する必要もないと明言してから、本項フレーズを述べています。

▲堀尾吉晴の墓
（島根県安来市・巌倉寺）

組織の中でメンバーである時は別にしても、トップとなった限り趣味にのめり込んで、プロの腕前になっても組織の為には何も役立つことはないと戒めています。

浪人経験のある吉晴は、浪人たちの再就職を親身になって世話したと伝えられています。

英文 As an effective leader of the organisation, it is not a bad thing to enjoy art, but it is not necessary to make earnest improvements.

組織を率いる為に必要な胆力

53

要害は城郭の固めにあらず、ただ大将の一心に在り。

【真田 昌幸　1547～1611】

豊臣秀吉が「表裏比興の者」、つまり表と裏のあるとんだ食わせ者と微妙な褒め言葉で評した**真田安房守昌幸**は、武田信玄→勝頼→織田信長→北条氏直→徳川家康→上杉景勝→豊臣秀吉→秀頼と50年近い年月の中で目まぐるしく主君を変えて、生き残りをかけた人生を戦い抜いたことで知られています。その謀略の才は、戦国随一であるとされています。

7歳の時に信濃の国人である父・真田幸隆から信玄の許に人質として出された昌幸は、信玄にその才能を認められ、曽根昌世と共に、「信玄の両眼」として内密の仕事や使者の役割を担う近習となります。まさに信玄の目に適った昌幸は、直々にその智謀と戦術を学ぶ機会に恵まれました。

昌幸個人の策略や采配に目が行きがちですが、籠城戦などでは家臣のみならず領民を糾合して、大軍相手に互角の戦いに持ち込んでいます。現代企業で言えば、本体と子会社の社員のみならず、代理店や納入業者までを含めて組織一丸となって、不況や危機に対して崩れない態勢を取ることができる卓越した統率力があったということでしょう。

どんな特別な秘術やノウハウがあったのか図り難いところですが、意外にもその秘訣はこの本項フレーズにあります。「**関ヶ原**」に参陣する為、徳川秀忠が中仙道を大軍を率いて進軍した時、

中文 不是坚硬的城墙，而是领袖像铜墙铁壁一样的精神守护着城郭。

上田城で前進を阻まれた際、城を挟んだ向こう側に布陣している別働隊へ連絡の使者を送りました。その伝令である島田兵四郎なる者は、

――江戸中納言（秀忠のこと）の士なり、君命を奉じ急に先鋒へ告ぐることあり。

と上田城の大手門前で大声で叫び、城を避けて迂回すると時間がかかるので、願わくば城内を通してくれと要望します。仰天する門番が昌幸に報告すると、

――**古より敵人、使命を奉ずるに、城内を通りし例なし。**

昌幸はこの変わった男の大胆さに感じるところがあり、「**通すべし**」と許可します。喜んだ兵四郎は「帰りも通りたいので、よろしく」と言って駆け抜けました。そしてその帰りに、本当に裏門に再び兵四郎が現れました。さすがの昌幸も感嘆して、「**その者に対面すべし**」と連れてこさせて本項フレーズを述べます。そして自ら城内を案内し、城攻めの参考にせよと伝えます。

――**道を借りる人も人なり、貸す大将も大将なり。**

と敵も味方も史上稀なる珍事を讃えたそうです。戦後に九度山に蟄居させられ、苦しい生活を送っていた昌幸が、大小の刀の柄に上等なエイやシカの皮でなく、「真田紐」と呼ばれる木綿の紐で巻いていたのを見て笑った人がいました。

▲真田昌幸の墓
（和歌山県九度山町・善名称院）

――**たとえ上に絹を着たりとも、心、頑愚ならば用に立つまじ。**

と言って昌幸は鞘から抜いて政宗の名刀を見せたそうです。この名刀は、昌幸自身の如何なる時でもリーダーたる者としての心の在り方、気概を代弁していたのでしょう。

英文 The castle is protected not by its hard defensive wall but by the readiness of the top leader.

自ら進んで襟を正す

54

上より礼儀を正く、臣下は其の恩恵を忝さに感じて恥る様に有度ものにこそ。

【島津 義久 1533~1611】

薩摩の島津氏の家祖である忠久が、幼くして薩摩、大隅、日向、越前の守護に源頼朝から任ぜられて以来、島津氏は明治維新までの700年もの間、南九州を一貫して支配します。

戦国時代に国人領主として対立し合った島津一族の内紛を収めたのは、分家筋の忠良・貴久親子で、天文8（1539）年に薩摩守護になります。貴久には、義久、義弘、歳久、家久の4人の息子がいました。16代当主となった**島津修理大夫義久**は、優れた3人の弟を縦横無尽に活躍させ、豊後の大友宗麟を破り、肥前の龍造寺隆信を討ち取って、九州全土をほぼ掌中に収めます。

しかしながら、豊臣秀吉が10万を超える大軍を率いて九州へ来攻、激しく抵抗しましたが、義久の決断で秀吉に降伏します。秀吉は義久に薩摩、義弘に大隅を安堵します。

後に徳川家康は、自らは動かずに数々の勝利を収めた義久を源頼朝に並ぶ総大将の器と称賛した時、義久は「**弟たちや幹部たちが活躍してくれたので、自分は何もしていない**」と答えています。

また家康が義久の甥の豊久を大坂に召して、大友宗麟の大軍を撃退した「**耳川の戦い**」の顛末を聞いた際には、その差配ぶりは楠木正成に勝るとも劣らないと激賞しています。

中文 上面遵守礼仪，下面的人蒙受恩惠，自然会为自己的行为而感到羞愧。

どっしりと後方に構えて、危機においても動じないトップは、日本のリーダーの理想形の一つであり、明治維新の西郷隆盛や日露戦争の大山巌の祖型（プロトタイプ）が、この義久にあります。マネジメントの基本に忠実であった義久の下では、政治も正しく、軍法は厳格であり、賞罰が公平であったことから、領内の武士や民百姓も結束力が強かったそうです。

ある時に、戦も無くなって平和となり、家中の若者に緩みが出て作法（ルール）も疎かにするようになったことを憂いた弟の義弘が、お目付役をおいて厳しく取り締まるべきだと献言します。すると義久は、自分がその役目を担うので補佐せよと義弘に命じ、その心得として、

「組織に属する者たちから恐れられようとすれば、害も多くなる」

と前置きしてから本項フレーズを述べます。まずは上から襟を正せば、下の者も自らを正すであろうというトップの言葉に、義弘は感涙したそうです。また城門が破損した時、茅葺（かやぶき）ではなく、3ヶ国の太守に相応しい立派な門に建て替えることを進言された義久は、

「他国の使者が領民の様子を見れば、政治が正しく行われているか分かるはずだ。立派な城門があっても領民が疲弊していれば、トップのやり方が悪いことは一目瞭然。肝要のところに気を配れば良いので、どうでも良いところを気にすることはない。茅葺で構わない」

質実剛健の義久の方針は子孫たちにも受け継がれ、江戸の世に「島津に暗君なし」と言わしめました。

▲島津義久の墓
（鹿児島県鹿児島市・福昌寺跡）

英文 If the top leader maintains good and polite manners, then his members realise the shame of their actions.

55

恐れず言うべきことを言う

長政が如き、何百人が首刎られんも、何条事の候べき。

【浅野 長政 1547~1611】

現代の経営者や政治家に囲碁好きが多いのと同じく、戦国武将も大いに好みました。織田信長が「**本能寺の変**」で倒れる前日の晩、就寝前まで本因坊算砂の囲碁の対局を見ていて、その時に珍しい「三コウ」が出たという逸話は、囲碁好きにはよく知られています。

信長・秀吉・家康の碁の指南役であった本因坊算砂の次のような言葉が、残されています。

——碁は己を守り彼を攻めて大局を掴むことが肝要で、事は戦であっても最後の目的は天下を治めるにあり、智仁勇の三徳こそ碁の本質に他なりません。

中国の英雄である曹操、司馬懿、李世民たちは、囲碁は兵法に通じるとして好んで打ったこともあり、日本の武将にも囲碁は人気でした。その真偽は別にして、武田信玄と高坂弾正、真田昌幸・信之父子の棋譜が残されています。

智恵の優れた黒田如水、石田三成、徳川家康、伊達政宗も囲碁好きで知られていますが、中でも**浅野弾正少弼長政**はかなりの腕の持ち主であったそうです。徳川家康の「碁敵」と言われる程に頻繁に打ち合った仲でしたが、家康は長政が亡くなってから、好きな囲碁を一切断ったそうです。家康は囲碁をダシにして豊臣家の内情を探っていたのかも知れません。

中文 即使有成千上百像我一样的人被斩首，又能怎么样呢。

長政は晩年まで「長吉」を諱にしていましたが、これは妻同士が姉妹である秀吉にちなんだ名前でしょう。長政は尾張の国人の家に生まれ、信長の弓衆であった浅野長勝の婿養子となったことから、秀吉と義理の兄弟となり起居を共にしました。農民出身の秀吉にとって、長政は貴重な武士生まれの親戚であり、公私にわたって生涯変わらず頼りになる存在でした。

「賤ヶ岳の戦い」で秀吉が実質的に覇者となった際に長政は、近江大津で2万石を与えられ、京都奉行職も任され、太閤検地でも活躍します。戦でも功績を重ねて、若狭小浜8万石を経て甲斐22万石の国主にまでなり、豊臣家の五奉行筆頭となります。

長政は寡黙で剛直ながらも、義を重んじて筋を通し、秀吉の義弟と言えども驕ることなく、奉行としても優れた手腕を発揮しました。当時の人は、秀吉が信長のように横死しなかった理由は、長政が漢の蕭何のような役割を務め、智仁勇を備えて秀吉を補佐したからだと評したそうです。

秀吉が朝鮮と明に派兵し、蒲生氏郷と前田利家を先陣とすると言い出した際、それを聞いた家康が自分にこそ先陣を任せて欲しいと申し出ると、長政が進み出て次のように制します。

「最近の殿下の言動からすると、恐らく古狐に入れ替わられてしまわれたのでしょう」

それを聞いて激怒した秀吉が刀に手を掛けると長政は、

「自分の首なんぞ切られても安いものだ」

と本項フレーズで諫言したのです。直言し続ける長政のような補佐役は、いつの時代のトップにも貴重な存在ですが、その為には忍耐と寛容がなくてはなりません。

▲浅野長政の供養塔
（和歌山県高野町高野山・奥之院）

英文 Even if your highness executes several hundred men like me in an outburst of rage, a leader cannot change the reason in the world.

56

組織の末端にまで影響を与える

上一人の心は、下万人に通ずるとか。

【加藤清正　1562～1611】

母方の縁戚にあたる豊臣秀吉が近江長浜城主になりたての頃、10歳ばかりで小姓として仕えた**加藤肥後守清正**は「**賤ヶ岳の戦い**」で大功名を挙げて3000石を賜りました。天正14（1586）年の「**九州征伐**」の際、肥後の鎮定に失敗した佐々成政の後を受けて、未だ20代半ばの清正は肥後北半国19万5000石の大名に一気に出世します。

「**朝鮮出兵**」の際には先鋒として、清正は現在の北朝鮮を越えて中国東北部まで進軍し、朝鮮国の二人の王子を捕えるなど大活躍をします。虎退治の伝説など当時からも勇猛で恐れられていましたが、決して腕力だけの単純な武闘派などではなく、捕虜にした朝鮮の王子を礼節をもって処遇するなど、リーダーたる者を心掛けた優れた武将でした。

清正が朝鮮から日本へ召喚され、全州から釜山に移動する途中、旧友の戸田高政が守る密陽城へ着陣します。城を掃除して馳走の準備をして待っていた高政は、日本の占領地帯で安全であるにもかかわらず、清正以下全員が重武装して、鉄砲の火縄に火を付けての戦闘態勢のまま行軍して来たことに驚き、その理由を尋ねます。

——**兎角、物の大事は油断より出で申すなり。**

中文 领袖的心，连着集体中千千万万人的心。

と清正は答えてから、次のように説明します。

「敵がいないのは分かっているので、武装しないで楽をしたいが、油断して万が一の緊急事態になったら、今までの武士として重ねて来た功績や評判が水の泡になってしまう。トップが重武装しなければ、一般のメンバーたちは油断して帯紐を解いて怠けるだろう。何事も下は上から学ぶというから、トップが少しでも寛げば、メンバー全員が油断する」

清正はそう前置きしてから本項フレーズで、**「トップの気持ちは組織全体に通じるという言葉を実践している」**と答えます。これを聞いた高政は、大いに感銘を受けたそうです。

肥後半国を与えられて朝鮮への司令官となる前までの清正は、200人足らずの兵を預かるだけでしたが、1万の将兵を率いる立場となって、より一層の活躍を見せました。中間管理職のリーダーが、いきなり事業部門のトップに抜擢され、海外市場へ派遣されたことを想像すれば、清正のプレッシャーと緊張感は凄まじいものがあったことが容易に推察できます。

厳しい環境の中での職務遂行は、現場で鍛えられる最たるものでしたので、この朝鮮在陣の期間に、清正は人間として大いに錬磨されたはずです。清正は後年、自らの組織のメンバーに対して、七ヶ条のルールを申し渡して遵守励行させています。その最後の条で学問に精を出し、忠孝を心掛けよと前置きしてから、次のように締め括っています。

「日頃から武士道を心掛けなければ、潔ぎ良い死に方はでき難いものだから、常に勇気を持つことが大切である」

▲加藤清正の霊廟（熊本県熊本市・本妙寺）

英文 The top leader's heart leads to the heart of all members of the organisation.

57

理不尽には徹底的に立ち向かえ

直を枉て曲れるに従わんこと、素懐にあらず。

【天野 康景 1537～1613】

徳川家康が未だ松平竹千代と名乗り、今川義元の許に人質として出されていた時、遊び相手という名目の護衛数名が付き従いました。一説には5人で、1歳年上の石川与一郎（数正）、同年齢の阿部徳千代（正勝）、平岩七之助（親吉）、1歳年下の松平与一郎（忠正）に加えて、兄貴分として家康より5歳年上の天野又五郎、後の**天野三郎兵衛康景**がいました。

家康が今川氏を離れて独立するきっかけとなった**「桶狭間の戦い」**から5年後の永禄8（1565）年、康景は高力与左衛門清長、本多作左衛門尉重次と共に当時の家康の本拠地である岡崎城下のマネジメントを担当する「三河三奉行」の一人となります。この時、**「仏高力、鬼作左、どちへんなきは天野三兵」**と称されました。「どちへんなし＝何方偏なし」とは、つまり仏でも鬼でもなく、中間的存在というよりは、むしろ場合によっては仏にでも鬼にでも成れる柔軟にして、公平な人物であると、康景のことを民衆は評価していました。

康景への家康の信頼が厚いことは、甲賀忍者たちを任された上、家康の関東移封にともなって、初代の江戸町奉行に選ばれていることで分かります。**「関ヶ原」**後の慶長6（1601）年、駿河興国寺城で1万石を与えられて大名に列し、長年にわたって奉行職を務めた康景は、領民の暮ら

中文 不分是非曲直一味迎合，不是我的本性。

しについて理解が深く、優れたマネジメント力を発揮しました。

しかしながら、慶長12（1608）年に不幸な事件が起きます。康景が領民の生活の為に蓄えていた竹を毎夜に盗む者たちがおり、それを捕まえようと康景の家来たちが待ち構えて、盗人たちを成敗しました。ところが、この窃盗を行った者たちは、興国寺藩に隣接する天領（幕府の直轄地）の百姓たちでした。

一般的に天領の領民たちは、幕府直轄であったことから税制面でも優遇を受けていた上、将軍直轄の民ということで高を括って、僭越な振舞いが多くありました。この時も天領側の代官が加害者を庇って被害者を装い、家康に対して直訴に及びます。家康は申し立てに虚偽があると感じ、わざわざ腹心の本多正純を康景のところへ派遣します。

——凡そ盗賊を殺すこと、是、古今の定格なり。

仮に天領の者たちであっても、盗みに及べば昔からのルールに従って処分されるのは当然と康景は言い放ちます。下手人の引き渡しを康景に求め、譲歩させて天領の代官の顔を立てて収めようとする正純に対して、本項フレーズで**「曲がったことを命じられても従わない」**と康景は断固拒否をします。罪のないメンバーを殺せということ自体、既に自分のマネジメントに過失があるということかと激怒して、1万石の領地を棄て一族を連れて出奔し、足柄の西念寺へ入ります。後に家康が赦免しようとした時、康景は既に病死していました。大久保彦左衛門と並ぶ頑固な「三河武士」の矜持を示したリーダーたる者としての死でした。

▲天野康景の墓
（神奈川県南足柄市・西念寺）

英文 It is against my motto to change something that is right and follow it.

58

優しさでメンバーを束ねる

ただ多くの士を育て、天下の干城となるのみなり。

【池田 輝政　1565〜1613】

池田右近衛少将輝政は子供の頃から自由闊達で、自らに厳しくありながらも、組織のメンバーたちには極めて寛容な器量あるリーダーたる者に成長しました。

輝政は国主となってからも、家族の者たちにも贅沢を禁じ、プライベートなことへの出費はせいぜい2、3万石の大名クラスと同じで、自らも認める程の倹約家でした。常日頃から、

――**大国に封ぜらるる者、礼遇厚しと雖も、自ら手足の労を以て仕難ければ、**

と大組織のトップであっても、自らが手足を動かすには限界があることを指摘して、本項フレーズを述べます。つまり、「**優れた人財を多く育て、社会の一大事に立ち上がって国を守る他ない**」と決意を示しています。「干城」とは中国の古典・『詩経』にある言葉で、干（盾）と城から派生して、国防を担う重職にある人のことを指します。

――**自分の娯楽を抑損して、財を武備に散す。**

輝政の方針は、「**自分の欲望を抑制して、その分の財を軍備に充てる**」というものでした。しかしながら、倹約も流石に過ぎるのではないかと、長年にわたって従う譜代の幹部たちが、「近頃は世の中も落ち着いて参りましたので、少しお楽しみになっては如何ですか」

中文 栽培了很多人，想要他们成为守护天下的士兵。

と勧めたところ輝政は、次のように応じます。

——自分にしては険に過ぎたれども、斯くあらでは家来を多く召し抱ゆること叶わず。今の世は静にはあれども、また如何なる大事できまじきにもあらず。其の時の為、此の上にも欲しき者は、武士なり。

「無益な出費を抑えて一人でも多く人を抱えることが自分の楽しみである」と述べてから、常に万一に備えて「武士」、即ちリーダーたる者が必要であると明言しました。実際に、輝政の治める因幡と備前には、日本中から優れた人財がたくさん集まって来ました。

優れた武将であった輝政は、自分に厳しく他人に優しいトップでした。寝ている隙に刀を盗まれてしまった者、夜討ちに遭って落馬して反撃できなかった者などに対して、周囲の者たちが、「肝腎な時には間抜けで腰抜けだよね」と嘲笑したのを聞き咎めた輝政は、

「そんなことは恥でもない。このままワシに奉公して、何かことが起こった時、その意趣を顕わして、目に物見せてやればよい。夜討ちに遭って驚いた馬が躍り上がって落馬するのは当然で、卑怯な振舞いではなく、これを臆病というのは、武道を学ばぬ者のつまらない言葉だ。ワシに仕える人財ならば、他人の言葉に惑わされて道理を誤ってはならない」

と組織のメンバー全員の前で言明したことから、嘲笑した者もされた者も皆、輝政の心意気に感動したそうです。優れたトップの許で、組織が一体となった瞬間でした。

▲池田輝政の墓
（岡山県備前市・和意谷池田家墓所）

英文 I only support the growth of many excellent staff members, and then seek to make my organisation as strong as an impregnable castle.

コラム⑮

真の三河武士・永井直勝

『名将言行録』に記載されている魅力あるリーダーたる者でありながら、100項目に収録しきれなかった一人に**永井右近大夫直勝**（ながいうこんだいふなおかつ）（1563～1626）がいる。直勝は徳川家康譜代の幹部の一人だ。

直勝は家康の長男で非業の最期を遂げた信康の近習を起点に、後に家康の直臣に取り立てられた。22歳の時に「**小牧長久手の戦い**」で、池田恒興（いけだつねおき）を討ち取る大功を挙げたが、豊臣秀吉が「**朝鮮の役**」の際に、肥前名護屋の家康の陣をわざわざ訪れて、

「池田勝入斎を討ち取った者は誰だ」

と尋ねて直勝を引見し、改めてその武功を讃えたことで、家康の組織において直勝の功績が見直されたという。この秀吉の計らいで、恒興の息子の輝政と家康の娘で北条氏直に離縁された娘が結婚した。その輝政が父の最後の話を聞きたいと家康に申し出た際、直勝は手討ちにされる覚悟で輝政の前に臨んだ。話を聞き終えた輝政は、「禄高はいくらか」と直勝に尋ねると、5000石との答えを聞いて、その少なさに自分の父の命の値段はそんなものであったのかと嘆いたとも伝えられている。

直勝の武将としての真骨頂は「**関ヶ原の戦い**」の後、福島正則、黒田長政、加藤清正、細川忠興、小早川秀秋らの豊臣恩顧の大名たちに気前よく加増する家康に対して、

「外様を重んじて、譜代を軽視するのは納得いかない」と家康からの恩賞が少ないという不満を本多忠勝と共に漏らして、加増を拒否した井伊直政に対して、次のように直言したことにある。

――主君と譜代の家臣の関係は恩賞の多寡で計るものではない。自分に同じような兵を預けられていれば、貴公以上の功績を挙げて、尚且つ不平など漏らさなかった。

この言葉を受けて直政は、直勝の無礼を咎（とが）めようとした忠勝を制し、直勝に自らの非礼を詫びて、家康からの恩賞を受け取ったと伝わっている。

直勝は秀忠にも重用され、福島正則、最上義俊、本多正純が改易された際、幕府軍と一戦も辞さない殺気立った城の受け渡し役を見事に務めている。

直勝は最終的には下総古河7万2000石の大名となり、直勝の長男は名老中の永井尚政で、次男が直清である（86項参照）。この直清が細川忠興と親しかったことで知られているが、実は直勝が**「関ヶ原の戦い」**の後に家康から命じられて、京都の公家衆との付き合いを円滑にする為の礼儀作法などを習得するべく、忠興の父である細川幽斎に師事するようになったことから生まれた縁であった。この逸話から、直勝は単なる武将や調整役ではなく、かなり器用で柔軟な人物であったことが窺える。

▲永井直勝の生誕地（愛知県碧南市・宝珠寺）

▲永井直勝の墓（茨木県古河市・永井寺）

▲池田勝入斎恒興の戦死の地（愛知県長久手市）

59

我、預りの士を捨殺しにしては、此後、如何で諸士の下知を為すべき。

【木村 重成 1593~1615】

僅か23歳で「大坂夏の陣」で戦死した美形の木村長門守重成は、その悲運と共に潔くはかなく見事に散ったことから、長らく日本武士の理想の姿とされて非常に人気がありました。

重成の首実験がなされた時、皐月晴れの季節で気温も上がる時期であるにもかかわらず、その髪に香がたき込まれていたことから、全く臭気がしないことに気が付いた徳川家康は、「これぞ勇士の嗜み」と皆で近寄って嗅いでみよと言い、重成の兜の緒（忍の緒）の端が切られていたことから、生還して兜を脱ぐつもりがなく、討死を覚悟して出陣した天晴れな心意気の勇士と絶賛しました。この美談は、昭和の頃ならば誰もが知る逸話でした。

重成は物腰が柔らかく、他人の過ちを咎めることもなく、堪忍を第一として自らを律し、「韓信の股くぐり」と同じような逸話が残されています。大坂城中で口論の末に茶坊主が重成の烏帽子を扇子で打つという無礼がありました。控えめを弱腰と嘲笑するような輩に対し、

――**士の法にしては、汝を討捨つべきものなれど、汝を殺せば我も又死す。我は一大事あらん時の御用に立たんと思うなれば、代ゆべき命を持たず、去る故に見捨て置くぞ。**

中文 在最困难的时候丢掉组织的人，今后怎么向组织发令？

▲木村重成の墓
（大阪府八尾市・木村公園）

と言って立ち去ったので、これを負け惜しみの臆病と嘲笑する者たちがいました。ところが開戦となった際、重成の勇猛果敢ぶりを目の当たりにして誰もが感嘆したそうです。本当に力のある人間は、小者とのトラブルは相手にせず、ここぞという時にその力を発揮するものです。

「夏の陣」が始まる前、**「冬の陣」**で「日本無双の勇士」として活躍したとして、感状と共に正宗の刀と脇差を秀頼が与えようとした時、重成は、

――聊か重成が武勇にあらず、お預け置かれたる持口の軍士、神明を捨て戦いし故に、勝利を得させ給う。

皆が激賞する高名も自分一人のものではないと辞退しています。自己主張と功績をひけらかすことが普通の現代、重成のような本物の士が日本から少なくなっているのが残念です。

大坂城に籠った将兵や浪人たちは、失業者と非正規社員の集まりであり、それを預けられて重成は戦いました。**「冬の陣」**の際、足軽大将の一人が戦場から戻って来なかった時、重成は自ら探しに出て、屍の中に瀕死の状態で見つけます。矢弾の雨の中、「某に構わずお戻り下さい」との言葉に重成は、「汝を迎えに来たのだ」と次のように答えて、敵が迫る中で救出に成功します。

――敵出るとて打棄てて退かんは、初めより出ざるに如かずや。

これを見ていた敵味方は大いに感動したそうです。様々な利害や背景、来歴の者たちを一つの組織にまとめるリーダーシップ、求心力は人を公平に扱い、大切にすることから生まれるということを重成が教えてくれています。

英文 If I abandon one member of my own organisation in hard times, how can I then give an order to the other members?

60

メンバーの心を常にフォローする

凡そ家臣ほど、油断のならぬものはなし。

【真田 幸村 1567〜1615】

真田左衛門佐幸村が、「大阪冬の陣」の際、出城の真田丸を築いて、徳川方の兵を一気に引き受けて大坂城を守り抜いたことは、痺れを切らした徳川家康に豊臣方と和睦させる最大の要因ともなりました。豊臣秀吉が築いた天下の名城が、城攻めでは落城しないことを証明したのは、幸村の活躍にあります。

「夏の陣」では、外堀のみならず内堀を埋められては最早、籠城は叶わないとしながらも、野戦での采配にも幸村は優れた才能を示しました。家康本陣への突撃を敢行し、家康も一旦は腹を切る覚悟をしたという程の猛攻は、参戦した諸大名が、「真田は日本一の兵」と記録に残しています。

最期の最期まで戦い抜いて全滅した幸村の率いた軍は、一人の裏切り者も出さず、その堅固な組織は目的達成まで一枚岩であり続けました。そして何よりも、幸村の組織を構成した兵たちは、真田家の譜代の将兵ではなく、豊臣方が集めた浪人たち、つまり現代で言えば失業者や非正規社員たちばかりでした。幸村の凄いところは、武士としての技量のみならず、様々な背景の人間をまとめるリーダーシップにあります。その幸村が本項フレーズを述べてから、次のように人をまとめる為の組織マネジメントの神髄を説いています。

中文 对属于组织中的人，不能放松警惕。

「親子兄弟の間でも偽りは多く、利に迷うことさえある。組織のメンバーは血を分けた兄弟ですらない。恩賞や義理といった関係を大切に感じて命懸けで働いてもらうには、とにかく気遣いを良くして、その心をしっかりと察してやらねばならない。どんな忠義の士であると思っていても、いつ機嫌を損ねて裏切るかも知れない」

幸村は生前は「信繁」と名乗り、戦死後60年程してから庶民の間で人気のあった軍記物と呼ばれた小説において、「幸村」という名が使われるようになったことは最近ではよく知られるようになりました。弱小勢力ながら甲斐の武田氏の滅亡の後に織田氏への服属に成功した真田昌幸の次男である幸村は、織田氏の関東管領となった瀧川一益の許に人質として送られ、後に秀吉の人質となりますが、そこで気に入られて大谷吉継の娘婿になります。苦労人ながらも、才智溢れる真田のDNAが幸村にはあったのでしょう。

父の昌幸と共に「関ヶ原」で西軍についた為、東軍についた兄の信之とその舅の本多忠勝のとりなしで助命されて、紀伊九度山で15年近くも雌伏を余儀なくされました。父と囲碁三昧で無聊を慰める日々の合間に、豊臣と徳川との合戦を幾度となくシミュレーションしたことでしょう。

▲真田幸村の供養塔
（大阪市天王寺区・安居神社）

幸村は小男で性格も柔和で物静かで怒ることもなく、辛抱強く控えめで、とても大軍を率いて暴れる勇猛な武将のようには見えなかったそうです。まさに本物のリーダーたる者は、常に冷静で泰然として、ここぞという時に本領を発揮するものです。非常時のリーダーに必要なことは、「決死の覚悟」ただ一つです。

英文 You must not be careless about a member of your organisation.

武士としての生き様を貫く

61

一方の大将たる身に候えば、葉武者と同じく軽々しく討死すべきに候わず。

【長曾我部 盛親 1575~1615】

長曾我部土佐守盛親は、極めて不運な星回りに生まれた人物でした。その武将としての能力や覚悟は一流のもので、逆境の中においても最期までその気概を示して生き抜いたからこそ、敗軍の将とは言えども、今日まで名前が伝わっています。

「関ヶ原の戦い」の直前に父である元親が病死し、土佐10万石の長曾我部家の当主となります。長兄の信親が戦死した後に次兄と三兄との家督争いを経て、父の指名で後継者となりますが、長曾我部氏という組織は、その争いの遺恨が残ったままで不安定な要素を抱えていました。**「関ヶ原」**では消極的に西軍に属したことから、一戦もせずに帰国しますが、徳川家康への謝罪も受け入れられず、土佐一国を没収された盛親は、浪人することになります。

盛親の母は元親の正室で、明智光秀の右腕であった斎藤利三の妹でした。3人の兄と同母の末っ子で溺愛されて育ったことから、盛親は短気で我儘で、長曾我部家の幹部たちからは、人気がなかったと言われていますが、後に大坂城に入る際に、旧臣を含めて1000人を超える兵を率いていますので、決して人望がなかった訳でもないようです。

中文 一军之将，不能像一个普通士兵那样轻易死去。

「関ヶ原」後に盛親は、徳川家康や秀忠に赦免を願うチャンスを窺います。しかしながら不首尾に終わり、京の相国寺門前の竹林に隠棲し、村の子供相手に寺小屋の師匠となって過ごします。慶長19（1614）年、大坂城の豊臣秀頼が兵を募り出した時、家康の命を受けた京都所司代の板倉勝重は、盛親が大坂方に与（くみ）しないように監視を強めますが、盛親は秀頼の招きに応じて京都を脱出して大坂城に入城します。

元国持大名ということで盛親は、真田幸村、毛利勝永、後藤基次、明石全登と共に「五人衆」の一人と認められ、活躍して長曾我部の名を再び世に挙げます。**「夏の陣」**では藤堂高虎の将兵に対して大奮戦して敗走させますが、豊臣方の劣勢を挽回するには至りませんでした。大坂城が陥落して京都八幡で捕らえられ、白洲へ引き出されます。幕府の役人が、

「数千の兵の大将たる身で、何で自害しなかったのか」

と尋ねると、盛親は次のように平然と答えます。

「最後の一戦では藤堂軍には勝ったが、援軍の井伊軍に阻まれて味方も戦死するものが多く負けたが、それも運」

「討死か自害する志が無かったのか」と続けて詰問されると、本項フレーズで堂々と答え、その言葉の行間には、再びチャンスあらば兵を起こして恥を雪（そそ）ぐつもりだという強い意志が漲っていたそうです。

佐久間盛政、石田三成と同じく、最期の最期まで武士としての矜持を忘れない盛親は、凛としたリーダーたる者でした。

▲長曾我部盛親の首塚
（京都市下京区・蓮光寺）

英文 The top leader should not die easily like one soldier.

コラム⑯

名将と名城

日本全国には、古代や中世からの城郭が、小さな砦も含めれば、5万以上あるそうだ。更地になってしまったものも含めれば、その数は10万を下らないであろう。

国宝指定されている姫路、彦根、松本、犬山、松江の5城を含む現存天守が残る12城、財団法人日本城郭協会が、観光資源としての価値や知名度、歴史上の重要性を勘案して、平成18(2006)年に「日本100名城」、平成29(2017)年には「続日本100名城」などが決められたが、それらの城のうち2、3城ならば、歴史好きでなくても誰でも行ったことはあるはずだ。

城は大きく分けて、山城、平山城、平城と、戦国時代から江戸時代にかけて、戦乱の世の要塞から平和の世の役所や本社ビルのように役割が変わった。名将と呼ばれた優れたリーダーたちの多くは、築城の才能にも恵まれている者が多かった。太田道灌、丹羽長秀、蒲生氏郷、加藤清正、加藤嘉明、藤堂高虎などがそれだ。現代の建築家や大工の棟梁たちにも、ひょっとすると政治や戦争などのマネジメントに長けている人たちが意外に多いかも知れない。但し、その逆は現代では、レアケースであろう。

現存天守12を含む「100名城」には、現代の日本各地に再建された復興天守もある。中でも昭和6(1931)年に完成した大阪城は、エレベータ付きの鉄筋コンクリートだが、第二次世界大戦の空襲にも焼け残った堂々の「名城」だ。

詳細な設計図面が残っている名古屋城は、2022年末までに木造で再建されることが決まっていたが、諸事情により延期になるらしい。費用は500億円を超えると言われている。

保科正之の提案で、天守閣再建が中止になった江戸城にも、以前から天守閣再建の声がある他、各地の老朽化した復興天守閣の木造での再建も検討されている。最近はCGを駆使して天守閣をイメージする工夫が流行っているようだ、現地で実物に触れて体感することこそ、資料にまみれがちな歴史の世界には必要であろう。

現在、歴史的建造物の活用促進の観点から、建築基準法の緩和が検討されているそうだ。つまり歴史的な遺跡として指定されている所に、史実を反映していない建物の建築に対しての法的規制や条件が、緩められるというのだ。外観の写真しか残っていない天守閣も、歴史的設計図が残っていなくとも、歴史的な遺跡である石垣の上に、新たに再建することが再び可能になる。

財源問題で頭を悩ましながらも、天守閣再建の地元の声と夢は日本各地に根強くある。観光資源として、城は分かり易い。登れば誰しも感動を覚える。地図で見ると広大な領土を戦国武将たちは支配したかのように思えるが、実際に天守閣に登れば、人間が見渡せる大地、つまり城から見通せる山や海までの土地が、武将たちには自分の支配地だと実感したであろうことが分かる。

▲岐阜城

▲大阪城

▲長浜城

▲姫路城

▲彦根城

▲岡山城

たとえば濃尾平野を見渡せる美濃小牧山城、岐阜城へ登れば、野心を新たにした織田信長の気持ちを誰もが実感できるし、ましてや安土城へ登れば、琵琶湖を眺めて天下を掌中に収めたと傲岸不遜になったことも理解できるであろう。

城は観光用につくられたものでないことは、現代人は知っている。実は日本全国にある巨大な工場、工業団地などを訪れる度に、感じることがある。日本において製造業が衰退してしまう遠い未来、恐らくこれから３００年も経たないうちに、これらの工場は城郭と同じように、廃墟となったり、破壊されたりしてしまうであろう。運よく公園となったりすれば、城郭と並んで観光地となっているのではないかという幻影を見る想いである。

▲熊本城宇土櫓

▲会津若松城

▲名古屋城

▲松本城

▲島原城

▲赤穂城

3
成果を高めるには どうすべきか

62

我一人、腹を切りて万民を助くべし。

【徳川 家康 1543～1616】

祖父や父の代から仕えた者たちからなる「三河武士団」は、徳川内大臣源朝臣家康が、慶長8（1603）年に征夷大将軍となって江戸幕府を開いたことにより、慶應3（1868）年の王政復古の大号令までの260年余りも日本をマネジメントしたシステムの原動力です。江戸時代の大名旗本1100家程のうち、3分の1がこの「三河武士団」の末裔たちでした。

「三河武士団」の家康というトップへの盲目的で愚直なまでの忠節ぶり、質素倹約で質実剛健を貴んだ気風は、現代日本の様々な組織の底辺に、未だに脈々と受け継がれています。

実は三河の国人であった祖父も父も側近である三河武士の裏切りによって命を失ったことから、家康は組織のメンバーに対して警戒を怠らないようにする一方で、大切に扱いました。

――**水はよく舟を浮かべもするが、身はまたよく舟を覆す。慎まなければならない。**

この家康が好んだ口癖から、組織のメンバーに如何に気を配っていたかが分かります。これは中国古典の『荀子』の一説ですが、家康が朝夕に愛読したという『貞観政要』から学んだのでしょう。その中に、唐の貞観6（632）年に太宗李世民が「国家の滅亡はトップが自らの過ちに気付かないことにあるのではないか」という問いに対して、魏徴が「安きに居りて危うきを忘れ、

中文 我一个人切腹，就能拯救大家的性命。

理に処りて乱を忘するる」と答えてから、この古語を挙げている話が記されています。
一癖も二癖もある能力ある家臣たちを家康が、心から従えていた逸話が残されています。**「小牧長久手の役」**の際、織田信雄が家康に断りもなく秀吉と和睦した後、秀吉から家康にも和睦の使者が来て、妹を家康に嫁がせると申し出ます。家康が**「ならば上洛しよう」**と腹を決めると、家臣たちはこぞって反対します。家康は上洛に応じなければ、秀吉が総力を挙げて攻め寄せ、皆が善戦しても家臣や領民は多大な被害と苦しみに遭うとして、本項フレーズで覚悟を述べると、もはや誰一人として反対しませんでした。日頃からトップとしての覚悟を家康の組織のメンバーたちは、それが口先だけでないことをよく知っていたからです。

質実剛健な組織の風土は、ケチと陰口を叩かれた家康の性質、つまり不要不急な物には金を掛けない、格好を付けないというトップの方針が大きく影響しています。現代組織に通じる言葉として、組織のメンバーたる者の心掛けを家康は幾つか述べています。

- **驕ると怠けるようになるので、トップと近くになればなる程、慎みを忘れるな。**
- **役職者となったら、自分と合わない者でもうまく使いこなし、働きやすくしてやれ。**

▲家康が眠るとされる墓所
（静岡市駿河区・久能山東照宮）

- **能力があっても出しゃばって、一人で何事も片付けるようにするな。**
- **マネジメントに携わる幹部たちは、日頃から仲良くせよ。**

蒲生氏郷（37項）が、次のように家康の合理的な性質を評しています。

「不必要なことについては鈍で、必要なことには賢い人だ」

英文 If I commit hara-kiri, I can save the life of all the people.

欠点を指摘する人間を尊重せよ

63

主人の悪事を見て、諫言をする家老は、戦場にて一番槍を突きたるよりも、遥に増したる心緒なるべし。

【徳川 家康 1543～1616】

戦場での一番槍は、武士にとって最も名誉ある活躍でした。しかしながら、トップが機嫌を悪くしたり、手討にされたりしても、組織の為にトップを諫めることができる№2は、戦場での活躍以上の功績であると、家康は本項フレーズで指摘しています。

家康が未だ浜松城を本拠としていた頃、腹心の本多正信と他の2、3の幹部を集めて会議を行おうとした時、そのうちの一人が、急に懐から手紙を取り出して家康に差し出します。

「日頃より自分が気付いておりますことを内々に書き記したものでございます。憚りながらご参考になるかと存じ、お目通し願いたく存じます」

と重々しく述べたのを聞いた家康は、正信に読み上げさせます。提言の一ヶ条ごとに家康は大袈裟に「尤も」と頷きます。正信が読み終えたのを聞き届けてから家康が、

「今後共、気付いたことは何なりと遠慮なく提言せよ」

と申し伝えると、その幹部は聞き届けてくれたことに感謝感激して退出しました。そこで家康が正信に対して**「何か役に立つことがあったか」**と尋ねます。すると正信は、

中文 敢于向领袖谏言的人，比在战场上立功的人还优秀。

▲徳川家康の墓
（栃木県日光市・日光東照宮）

「一ヶ条もお役に立つことはなかったかと存じます」と答えます。家康は手を振りながら、

「いや、いや、あの者は自分の考える範囲で精一杯、善かれと思って内々に書き付け、タイミングを見てワシに渡そうと思った志が何にも代えがたい。参考になることはなかったが、それは採用しなければよいだけで、もし有用なことがあれば儲けものであろう。組織のトップともなると自分の欠点などは、分からなくなるものだ」

と答えてから家康は、続けて述べました。

「若い頃は仲間同士で切磋琢磨して、欠点を指摘し合ったりする機会があるものだが、幹部ともなると友人と忌憚（きたん）のない話をする機会も減る。トップとなると秘書や周りの者は、何事もご尤もと頷く者ばかりになってしまう。組織や社会で地位が上ると、自分の過ちや欠点に気付かなくなり、改める機会も少なくなる」

と前置きしてから、次のように明言しました。

「トップで諫言を聞かない者で、組織を失わなかった者は、昔からいないであろう」

家康が京に上って二条城へ滞在した際、政権批判と皮肉を込めた落書きをする者が絶えなかったそうです。京や大坂の人々から、家康は嫌われていました。京都所司代の板倉勝重（70項）が取り締まろうとすると家康はそれを制して、落書きを見ると、

「くだらない内容もあるが、ワシの心得になるものがあるので、そのままにしておけ」

と放置を命じたという逸話が残されています。

英文 Speaking frankly on witnessing an evil deed of the top leader shows a greater mind than contributing in the battlefield.

64

良将の人を用うるは、其の長ずる所を取れり。

【徳川 家康 1543〜1616】

本項フレーズは家康が日頃から語っていた言葉ですが、自分自身に常に言い聞かせていたのでしょう。組織に属するメンバーの長所を把握して、「適材適所」で使いこなすことが、優れたトップであるという訳です。また耳目口鼻のそれぞれに役割があるように、全ての長所が一人の人間に備わっていることを求めてはならないとも言って家康は、次のようにたとえています。

「優れた医者が薬を用いるように、それぞれの効能を知って投薬するからこそ病を治すことができるが、凡庸な医者は薬の効果を無視して投薬するので人を死なせてしまうこともある」

優れたトップマネジメントのコツとして、

――明君の人の用い方は、一方に偏らず、ただ至公の心を以てせよ。

バランス感覚で公平な人事を行うべきであるとも家康は指摘しています。

――賢を尊ぶこと、能を使うこと。

この二つが人をうまく使うコツで、これを行えば人財を失うことはないと断言しています。

「生まれつき真面目で温厚で、自らの才能を鼻に掛けない優秀な人財を登用して高禄を与え、マネジメントさせることが賢を尊ぶということであり、性格や私生活が立派でなくとも卓越した

中文 用人要用那个人的长处。

才能の持ち主を抜擢して仕事をさせること、これを能を使うという」

家康はその癖のある性格から同僚たちに嫌われた本多正信、大久保長安といった良薬にも毒薬にもなりそうな人財を側近として登用し、その能力を思う存分に発揮させています。

また家康は組織が先例主義や形式主義に陥りそうな時、幹部たちに対して、

「高禄や序列で仕事をさせるのではなく、人財を選んで用いることだ。禄高が少なくて役職に付けなければ、禄高を増やしてやればよいのであって、才能の適不適を論ぜずに、禄高だけで人の軽重を問うてはいけない」とも明言しています。家康は人の採用についても、

「優れたトップは、人の正邪を見分けて登用すべし」と説いています。

天下国家という大組織をマネジメントして存続させていくことは、如何に優れたトップと言えども大変な重荷で、それは一人では成すことができないので、補佐役（パートナー）や参謀役（アドバイザー）を何人も置いて、力を合わせてこそ国家を保つことができるのだと指摘し、トップが思うままに法（ルール）を変更していては、組織を存続させることは不可能であるとも言っています。

「天下国家を取る者は、不慮の出来事に対して、かねてから備えておかなければならない」

▲伝・徳川家康の墓
（大阪府堺市・南宗寺）

という言葉も家康の口癖で、トップたる者は1年を過ごすにあたって、正月の元旦に挨拶を受ける時から常に戦場にあるつもりで、即ち「常在戦場」の覚悟と緊張感を持ってマネジメントするようにと語っています。この言葉は現代のリーダーたる者にとって、一時も忘れてはならない心掛けではないでしょうか。

英文 By all means, you should take the good point of the person employing a member for your organisation.

65

嫌われることに怯えるな

律儀正直にばかり覚えて、心が逼塞していては、男業はなるべからず。

【鍋島 直茂　1538~1618】

14世紀末に長岡経秀という遠く上方の武士が肥前鍋島村に移住し、その息子の鍋島経直の娘が九州北部の太守である小弐教頼の側室となり、その間にできた経房が鍋島氏の家督を譲られて国人領主となりました。経房のその息子の経久は、小弐氏に代わった龍造寺氏に仕え、更にその息子の清房が、龍造寺隆信の母を後妻に迎えたことから、龍造寺氏の№2となります。

隆信の母は、清房とその次男である**鍋島加賀守直茂**が、龍造寺氏にとって欠かせない股肱の臣であると目を付けたことから、息子の隆信の為に鍋島家の押しかけ女房となったそうです。

隆信は義弟となった直茂を非常に信頼し、直茂も隆信の為に常に先鋒となって仕えます。天正12（1584）年の「**沖田畷の戦い**」で隆信が敗死してしまうと、その知らせを聞いた直茂は自害しようとしますが、周りに止められて、隆信の幼い息子である政家を盛り立てながら、龍造寺氏という組織を守ることになります。

「先見の明」のあった直茂は豊臣秀吉と誼を通じ、1584年の「**九州征伐**」に際して宿敵の島津攻めの先鋒を承ります。その際の目覚ましい働きについて、秀吉から高い評価を受けた直茂は、

中文 丢弃诚实，变得心胸狭窄的话，无法取得大的功绩。

▲鍋島直茂の墓
（佐賀県佐賀市・高伝寺）

病弱のトップである政家に代わって、組織のマネジメントを命ぜられました。**「朝鮮出兵」**の際にも、主人に代わって直茂が出陣しています。**「関ヶ原の戦い」**では、息子の勝茂が西軍に与しましたが、直茂は独特の嗅覚で東軍に従ったことから、徳川家康に認められます。

家康は将軍になると、名目だけのトップである龍造寺政家に対して実質的なトップである直茂へ禅譲するように迫り、直茂は35万7000石の大名となります。これに異を唱えた政家の息子である高房が自決し、その遺恨が有名な鍋島の「化け猫騒動」の基となりました。

直茂は常に主である龍造寺氏に最大限の敬意を払って忠義を尽くしましたが、世間では簒奪した梟雄と見なされ、81歳という高齢で直茂が病死した際にも、龍造寺高房の祟りのせいだと言われました。本項フレーズは、そんな直茂の言葉です。もしかすると病弱なトップでは龍造寺氏という組織を守り切れないと見切りをつけて、自分がトップに立つ機会を窺っていたのかも知れません。

義兄の龍造寺隆信が「五州二島の太守」と称されて絶頂にあった時、直茂は、

――我が気に入らぬことが、我が為になるものなり。

という信念で直言し続け、隆信に嫌われて遠ざけられたことがあります。許されてからも直茂は、諫言することを辞めず、また次のようにも語っています。

「口に出す時は、熟考してから言葉にすべきだ。拙速に口にすれば、後悔することが多い」

まさにトップに直言し続けた直茂のこの言葉は、自らの経験に裏打ちされたものでしょう。

You cannot achieve anything great if you become narrow-minded after learning only in honesty and faith.

66

我等一人の武功を以て、三ヶ国を取治めたるにあらず、皆の諸侍の働き故なり。

【島津 義弘 1535~1619】

戦国時代の九州を席巻した島津四兄弟は、骨肉争いとは無縁で仲も良く、一致団結したパワーは恐らく当時では最強で、豊臣秀吉の**「九州征伐」**がなければ、九州のみならず西日本全体を島津の勢力下に収めることも時間の問題であったはずです。この島津四兄弟が未だ子供の頃に、それぞれの高い能力を認めた祖父の島津忠良が、

——雄武英略をもって他に傑出し。

と評した次男の**島津兵庫頭義弘**は、武勇一辺倒でなく智略をも備えた士で、島津氏のトップである兄の義久をしっかりと立てながら、また踏み込んで言えば、秀吉の「九州征伐」の為に、表向きは隠居を余儀なくされた実質的なオーナーである兄の羨望と嫉妬を巧みに躱して、島津氏という組織の繁栄の為に尽くした気配りの苦労人でもありました。

少数の兵で大軍を打ち破る戦上手で知られた義弘の数ある戦歴の中で、最も武名が輝いたのは、朝鮮での**「泗川の戦い」**での大勝利と**「関ヶ原の戦い」**での大離脱でしょう。この二つの合戦での義弘の大胆な戦いぶりをもって、戦国№1の武将と評価する向きも多いはずです。明や朝鮮の将

中文 统治了三国不是只靠我一个人，而是集体努力的结果。

兵からも「鬼石曼子（クィシーマンツゥー）（鬼島津）」という異名で、その勇猛さを畏れられました。

その義弘は、組織で働くメンバーたちが、息子を新たに仕官させた際に挨拶に来ると、

「その方の父は、○○の合戦の際、見事な大手柄を立てたのをよく覚えている。その方も父によく似て頼もしい面構え（つらがまえ）をしておる。立派な父に負けぬように働いてくれ」

と息子ばかりか、父も感激するような言葉をいつも掛けたそうです。また目ぼしい手柄を立てていない者が、息子を連れて来た場合には、

「お前の父はなかなかの力がありながら、運に恵まれず大きな武功がないが、お前は父よりも優れていそうなので、きっと功名を挙げる機会があるだろう。それまでしっかり励んでくれ」

と激励しては自ら扇子を与え、新しく加わる者の心を掴む方法をよく心得ていたそうです。こういったメンバーたちで組織が構成されていたからこそ、義弘の采配一つで、異国の地でも何十倍の敵に怯（ひる）むことなく突撃し、**「関ヶ原」**で敵中正面突破による戦線離脱という離れ業を敢行した際でも、義弘を逃がす為に一人ひとりが文字通り命を賭して盾となったのです。

「組織の末端メンバーまでの総力を挙げた働きがあってこそ、島津氏が南九州3ヶ国の太守としての地位がある」と、義弘は本項フレーズを口癖のように常に語っていたそうです。

地位や金銭といったものだけでなく、心からメンバー一人ひとりの虚栄心（プライド）を満たすような日頃からの気遣いや言動ができる謙虚なトップの姿勢が肝要であることを教えてくれます。

▲島津義弘の墓
（鹿児島県鹿児島市・福昌寺跡）

英文 I was unable to recapture three provinces alone; it was a result of the effort by all members of the organisation.

67

教養で一目置かれる人物となれ

不義にして富み且つ貴きは浮雲の如し。

【直江 兼続 1560〜1620】

如何なる時代の組織においても、トップが最も必要とするのは優れた補佐役です。軍師とか参謀という役名で呼ばれることもありますが、トップが肝胆相照らすことができる腹心を持つことができれば、組織を円滑に効率的にマネジメントし、最大の成果を得ることができるはずです。

戦国時代の乱世のみならず、現代までの日本において、トップにとって最も優れた補佐役と言えば、**直江山城守兼続**をおいて他にはいないと言っても過言ではありません。

兼続は上杉謙信に見出された低い身分の者で、謙信の姉の仙桃院に認められて、その息子にして謙信の養子となった景勝の小姓として仕えます。寡黙で人見知りをする景勝が、何故か5歳年少の兼続とだけは気が合い、目と目で意志が通じ合う程であったそうです。

兼続は「**長高く姿容美しく、言語清朗なり**」と『**名将言行録**』にあるように、長身の美形で声色も良かったそうですから、その智謀を合わせて、まさに日本版の諸葛孔明でしょうか。また兼続は『**史記**』をはじめとする漢籍にも通じ、漢詩に巧みな第一級の教養人でもありました。

豊臣秀吉の「**小田原征伐**」の際、数ヶ月たっても落城しない折、兼続は秀吉に意見を求められます。兼続は豊臣方の諸将の士気を上げる目的で自分に指名があったと瞬時に察し、

中文 用不正当的手段得来的富贵，就像是天上的浮云一样转瞬即逝。

「上杉謙信と競った北条氏康は優れた武将、されども息子の氏政は生まれつきの愚将」と断じて、身の程を弁えず太閤殿下に逆らった愚かな氏政など敵ではないので、しばらくすれば落城するでしょうと明言し、本項フレーズを述べてから、次のように答えました。

「この言葉こそ、氏政のことを言ったものだとつくづく思いました」

秀吉は「我が意を得たり」と喜んで、太刀と陣羽織を兼続に与えました。本項フレーズは『論語』述而篇にある**「不義而富且貴、於我如浮雲」**の書き下し文で、「不当なことをして得た財産や地位は、私からみれば流れゆく雲のように儚い」という意味です。

嫌味なくサラっと教養溢れる語句で素早く的確に答えて、時の最高権力者の意に叶うことができる抜群のセンスは、ゼロから謙信の信頼を勝ち得て上杉という組織を任されるNo.2にまでなっただけのことはあります。また秀吉だけでなく徳川家康からも一目置かれ、

「奥州の浪人たちは野蛮で心も荒いが、兼続は自らの智勇で、彼らをしっかりと忠誠心に溢れる組織の幹部、メンバーとしてまとめている」

と評価している程です。兼続の資質や努力もさることながら、身分制度の厳しい時代において組織で頭角を現すことができたのは、優れた人財を兄弟や友のように信頼し、全権を委任して疑わずに使い切ったトップがいたからこそであり、兼続は自分の才能を十二分に発揮することができたのです。

誰でも辛抱が心底からできれば、兼続になれなくとも景勝にはなれるのではないでしょうか。

▲直江兼続の墓
（山形県米沢市・林泉寺）

英文 Wealth obtained unjustly is vain like a flowing cloud.

68

鋭い直感で危機を回避する

兵法に「以迂爰直」ということあり、危うき道に不意の患あり。

【上杉 景勝 1556~1623】

上杉中納言景勝は、名将・謙信の姉の子で、9歳の時に謙信の養子となりました。父の長尾政景は謙信と同族の競合関係でしたので、謙信によって暗殺されたとも言われています。

景勝は背景や事情をよく察し、父の恨みなどはおくびにも出さず、謙信に仕えて信頼を勝ち得ます。謙信が急死した際、同じく謙信の養子にして北条氏政の弟である景虎との後継争いに勝って、上杉家の当主となってから、謙信以来の譜代衆を粛清していますので、胸の奥底に長年の恨みを秘めて耐え忍んでいたようです。

景勝は寡黙にして沈着冷静で喜怒哀楽を見せず、組織の幹部たちからも恐れられていました。カリスマ性のあるリーダーの謙信を意識して、自分なりに考え抜いて磨いたマネジメントを体得していたのでしょう。景勝の威厳あるトップ振りを示す逸話が、幾つか残されています。

上洛した折、景勝が率いた100人程の兵の行列は、咳すらする者一人となく、人馬の進む足音だけが整然と聞こえるだけだったと都の人々は恐れ震えたそうです。

また富士川を渡る際、多くの供の者が船に乗り込んだことから船が沈みそうになった時、景勝がサッと立ち上がって鞭を一振りするや、船に乗る誰もが我先にと川へ飛び込んだので、船が対

中文 兵法中有句话叫“以迂为直”，但选择危险的路走下去，说不定会有灾难。

岸に無事に到達することができたということもありました。

「**大坂冬の陣**」の際に丹羽長重が景勝の陣に立ち寄った時、鎧も着けず青竹の杖だけを持って床几に腰掛けた景勝が、大坂城をずっと睨み続けていて、その左右には槍を抱えた３００の将兵が跪いており、紺色に日の丸の旗と「毘」の文字の染め抜いた旗、浅黄の扇の馬印を立てて静まり返り、誰一人として身動(みじろ)ぎもせず、景勝を畏怖して粛然としていたそうです。感動した長重は、無視された無礼を咎(とが)めることなく、後々まで語り継いだそうです。

北国の人々は現在でも寡黙で真面目な印象がありますが、峻厳なトップによって鍛えられて経験を積めば、どれだけ強力で堅固な組織となるのでしょうか。

「**関ヶ原の戦い**」前の徳川家康からの「会津攻め」に際しては、堂々と受けて立つ中で、裏切り者を一人として出さず、戦後に会津１２０万石から米沢30万石に減封されながらも、将兵に減給を強いて一人も解雇する者も出さずに移封し、組織を守り抜いています。

▲上杉景勝の廟
（山形県米沢市・上杉家御廟）

本項フレーズは景勝が反乱の鎮圧に赴く際、行軍を急ぐ家臣たちが近道を勧める中、『**孫子**』軍争篇の言葉を引用して「急がば回れ」と言って迂回した結果、敵の伏兵を避けることができたという逸話(エピソード)で、景勝が鋭い直感力を備えた器量あるトップであったことが窺えます。

そんな景勝が、生涯に一度だけ満面の笑みを近臣たちに見せたことがあります。ペットにしていた猿が、景勝愛用の頭巾を被って、自分がいつも座る上座で、何やら指示を出す景勝の真似をしている姿を目撃した時のことだったそうです。

英文 Unexpected situation happen in uncertain ways. The Chinese book of military art says, ‘The longest way round is the shortest way home’.

69

人物の本質をしっかり見極めよ

人の目利きを常に心掛けて見習えば、人を知ること外れざるものなり。

【黒田 長政 1568〜1623】

隣国の寺沢広高から使者が来た時、**黒田甲斐守長政**は広高の息子たちは何を好んでいるかと尋ねます。「馬や刀など武士に必要な物の目利きを磨いております」という答えを聞くや、

「刀や脇差は武士にとって大切なので、その刃の鋭さと鈍さを重視し、装飾などで選んではいけない。それと同じように優れた人財とそうでない者を区別できなければ、組織が乱れてしまう原因となる。才能の有無、勇敢と臆病の違いを知らずに人を使えば、必ず失敗する。刀や脇差の目利きはプロに任せ、まずは人の目利きを磨かれなさいと伝えよ」

と長政はこう言ってから、本項フレーズで人間観察力の重要性をアドバイスしています。目利きとは、好悪や感情で選別するのではなく、真贋を見分け、本質を見極めることができる能力です。自らの心に問い掛けて、瞬時に閃きで正しい選択を見分ける直感力です。

「組織のトップがメンバーのことをよく知らなければ、優秀な人財を登用することはできない。わざわざ高い報酬で他からスカウトした場合、良い人財であれば問題はないが」

と長政は前置きをしてから、次のように「人財の内製化」が第一と明言しています。

中文 平常善于观察学习别人的话，看人准没错。

——我が家中の能き者を差し置きて、他所より招くは愚なり。

長政は常に武勇の志について議論し、仁義や勇気ある者を尊重したことから、黒田家という組織では口論があった時は、その是非は武道を基準、即ちモノサシとして判断したそうです。それ故、黒田家という組織のメンバーは誰もが勇猛で、尚且つ組織が一丸となって強かったそうです。まさに組織というものは、トップの心掛け次第であるという見本です。

また長政は毎月一度、夜を徹して「異見会」を福岡城本丸の「釈迦の間」で開きました。参加者は、幹部に加えてトップに意見することを躊躇しない者6、7人だったそうです。現代企業で言えば、本社会議室に取締役と上席の執行役員を集めた会議でしょう。

——今夜は何を言っても、決して遺恨を残してはいけない。この場での話は秘密厳守。勿論、会議中に腹を立ててはいけない上、腹の中で思っていることを言い控えてはいけない。

というルールで、トップである長政の欠点や組織のメンバーである幹部への扱い、組織全体のマネジメントについて、細かなことに至るまで議論したそうです。時折、長政が顔色を曇らせると、「これはお怒りのようにお見受け致しますが」と幹部が指摘し、長政は、**「心の中では少しも腹を立てていない」**と慌てて笑顔をつくったそうです。長政は息子の忠之に対して、この「異見会」を必ず毎月一回開催するように遺言しています。

▲黒田長政の墓
（福岡県博多区・崇福寺）

長政は父の如水が偉大過ぎる為に、本来の優れた器量がややもすると霞んでしまいますが、第一級の武将であり、組織マネジメントに長けた極めて優秀なリーダーたる者でした。

英文 If you always observe a person and learn, you will not make the mistake of judging person.

コラム⑰

名軍師の息子にして地味な人生を送った武将・竹中重門

豊臣秀吉の一代記である『豊鑑』を寛永8（1631）年に著したのは、**竹中丹後守重門**（1573〜1631）である。秀吉の名軍師・竹中半兵衛の嫡男だ。重門は文筆に優れ、学者肌であった。重門から10歳も若く、徳川家康のブレーンであった儒学者・林羅山の門弟にもなっている。

父・半兵衛の親友にして同僚であった黒田官兵衛が、天正5（1577）年に秀吉に従った際、その10歳に満たない長男の松寿丸が近江長浜城に人質に出された。

翌年に荒木村重が織田信長に反旗を翻した際、如水は村重の有岡城へ乗り込んで説得工作を試みたが、かえって村重に拘束されてしまった。激怒した信長は、人質の松寿丸を処刑するように秀吉に命じるが、竹中半兵衛が密かに引き取り、秀吉と信長に処刑完了の虚偽の報告をした。

1年にわたる籠城戦の末、有岡城が開城した際、土牢に監禁されていた如水が救出され、息子を既に処刑してしまったと青ざめている秀吉の前に、半兵衛が松寿丸を連れて来た。秀吉は半兵衛の機転に感謝したことは言うまでもない。

この松寿丸が後の黒田長政だが、匿われている間に5歳年下の重門と兄弟同様に仲が良くなっていた。**「関ヶ原の戦い」**の際、逸早く良い場所に陣を張った重門が、兄貴分の長政を招き入れたからだ。

長政は**「関ヶ原」**で大活躍して大手柄を挙げ、福岡52万石の大大名となった。その陰には、**「関ヶ原」**の領主である竹中氏の先祖伝来の地の利を知る重門のサポートが、あったことはあまり知られていない。重門の末子は、長政の許で重臣となっている。

重門は父の死後は叔父の後見を受けて、秀吉に従って**「小牧長久手の戦い」**から**「朝鮮出兵」**まで従軍しながらも、遂に5000石を知行しただけであった。気前が良いとされる秀吉だが、どんなに優れた功績を挙げた者でも、亡くなってしまえば平気で取り上げているのは、丹羽長秀や蒲生氏郷の息子たちへの処遇を見ればよく分かる。重門も同様の扱いであった。

「**関ヶ原の戦い**」の後に家康に従ってからも、重門は「関ヶ原」を領する5000石の交代寄合（参勤交代を義務付けられた旗本）のままで、大名にまで出世することはなかった。軍師半兵衛の息子としては、何とも中途半端な処遇しか受けなかった人生のように思えるが、身内や関係者から見た秀吉のことを書き残した他、その他にも旅行記などの著作も残し、マイペースで充実した一生ではなかったであろうか。重門は『豊鑑』を書き上げた年に江戸で亡くなり、江戸高輪の泉岳寺に葬られた。

▲岡山烽火台跡・竹中重門と黒田長政の陣（岐阜県関ケ原町）

▲竹中重治と一族の墓（岐阜県垂井町・禅幢寺）

▲竹中重門と一族の墓
（東京都港区・泉岳寺）

70

時代を超えたマネジメントの要諦

国を治むるには、方なる器に味噌を入れ、丸き杓子にて取る様に、行い給うこと善し。

【板倉 勝重 1545〜1624】

天正14（1586）年、徳川家康が本拠地を浜松から駿府へ移した際、多くの譜代の幹部の中からお膝元の駿府町奉行に抜擢されたのが、**板倉伊賀守勝重**です。その公正で優れたマネジメント手腕は家康の期待以上で、家康が関東へ移封になると、勝重を江戸町奉行に任じます。「**関ヶ原の戦い**」後には京都所司代として、京都のマネジメントのみならず、天皇や公家を含む朝廷の監督、大坂の豊臣家と西国の外様大名の監視などの重要な任を帯びます。「**大坂夏の陣**」で豊臣家が滅亡するまで、忍耐強く地道に任務をやり遂げました。

岡山藩主の池田光政が14歳の時、参勤交代の帰路に京都へ寄り、マネジメントの要諦を尋ねます。勝重は、京の町民や農民たちの訴訟裁きを行っている者が、国政については分かるはずはないと謙虚に辞退しますが、光政が重ねて尋ねたことから、勝重は本項フレーズで答えました。四角い器に入れた味噌を丸い杓子では取り残すことについて光政が、

「それでは、隅々まで取れないではないか」と問い質します。勝重はおもむろに、

「**そこが肝心です。あまり細かいことまで気にしては、かえって国は収まらないものです**」

中文 巧妙的管理一个组织，就像拿着一个圆形的勺子，去取方盒子里的大酱一样。

▲板倉勝重の霊廟（愛知県西尾市・長円寺）

と答えました。合点の行かぬ様子の光政に対して勝重は、続けて次のように答えます。

「家康公に長年お仕えし、多くの智勇の諸将を見ましたが、光政様のように若くして国事を憂う聡明な方は存じません。恐らく国中の隅々まできちんとなされようとするでしょうから、このように申し上げました」

このアドバイスを聞いた光政の顔が、一瞬にして晴れたのは言うまでもありません。また勝重が奉行職の心得について、述べた言葉が残されています。

「役人の心掛けは、ただ賄賂を受けないことである。奉行として人々に無実の罪のないことを願うならば、私欲を捨てよ。無欲であれば真実と偽りは火を見るように明らかである」

京都所司代を辞する際には、後任者を推挙せよという幕府からの命令に対して、縁故や癒着を嫌う勝重が、深慮の上で選んだのは、長男の重宗でした。

「内挙するに親を避けず、外挙するに讎を避けず」と『韓非子』にありますが、「適材適所」に徹して組織のトップがこれを実践することは、極めて難しいことです。重宗に幕命が下ると、勝重は国光の名刀を与えて、トップたる心得を伝授します。

「人を斬るのも人に斬られるのも、刀の徳である。しかし狂人に与えれば、狂人も同じように用いるものだ。お前はトップとして、この刀を狂人に渡さないよう心掛けて、マネジメントに専念せよ」

重宗は父の教えを守り、父以上の「名所司代」として、歴史に名を残しています。

英文 If you want to manage your organisation well, I suggest that you act as if you were taking miso from a square container with a round spoon.

71

至極の理に候、武将たらん者は誰も斯くこそ心得るべきことなり、豈に恥辱とせんや。

【福島 正則　1561〜1624】

福島左近衛権少将正則は大酒飲みで単細胞の武闘派のイメージが、多くの小説やテレビドラマの影響で歴史ファンにすら刷り込まれてしまっていますが、実際は安芸広島49万8000石の大大名にまでなっただけあり、優れたリーダーたる者でした。

「関ヶ原の戦い」で犬猿の仲の石田三成への激しい憎悪から、率先して徳川家康の東軍の牽引役となり、岐阜城攻めから本戦まで大活躍をしています。

自害せずに三成が捕えられて城門に縛られて引き据えられた時、馬上から罵詈雑言を浴びせたり、ぶん殴ったりしたアンチ三成の大名たちがいた中、現代のドラマや映画ではたいてい正則がその役回りを担っていますが、実際は、「敗れたとは言え武将たるものは、命ある限り本懐を遂げるものだ」とリーダーの心得を堂々と述べる三成に対して、正則は本項フレーズで、「**まさにその通り、リーダーたる者は皆そう心掛けるべきだ。決して恥じることはない**」と慰めています。

正則は学問より武芸に優れていましたので、自分の名前と僅かの漢字しか知りませんでしたが、主君にして従兄である豊臣秀吉に倣って、常に小姓に漢籍を朗読させて聴き流していたそうです。

中文 作为领袖都该努力追求终极的真理，不必觉得可耻。

家康の死後に幕府にイチャモンをつけられて、安芸広島を取り上げられて、信濃川中島4万5000石に減じられて転封を命ぜられた時に正則は、

――我は弓なり、乱世の用なり。いま治世なれば、川中島の土蔵に入れらるるなる。狡兎尽くれば則ち良犬烹らる。

と『史記』や『韓非子』に記された故事成語をもじって、**「天下泰平となった以上、オレは用済みか」**と静かに語っています。

古今東西の歴史には、組織においてこの狡兎の役割を演じた者は枚挙にいとまがありません。これは歴史の話ではなく、現代の組織でも至るところで、狡兎は絶えることはありません。もしかすると、気付かずに自分がそうなっているかも知れません。

無実の者を無礼打ちにしたり、酒が入って機嫌が悪い時には幹部やメンバーたちをぶん殴ったりした正則ですが、ただの乱暴者でなかったことが窺える言葉が残されています。

「最近の世の中は、欲深くて腹黒い人ばかりだ」

とある人が漏らすのを聞いた正則は、次のように応じています。

「昔から人の心は悪いものだと伝えられているが、もしそうならば今は最悪の時のはずだ。しかし、それ程でもないから、まあまあというところではないか」

現代でも全く同じような問い掛けがありますが、正則のようにサラっと答えるのも、なかなか格好良い大人の見識ではないでしょうか。

▲福島正則の供養塔（東京都港区・正覚院）

英文 An effective leader will never be ashamed of the result if he does his best regardless of victory or defeat.

72

誰よりも早くチャンスを見抜く着眼点

敵の後陣によく眼を付け見よや。

【吉川 広家 1561～1626】

32項で吉川元春が容貌の悪い妻を迎えた逸話を紹介しましたが、その間に生まれた3人の息子は、父のみならず母方の祖父である熊谷信直のDNAも受け継いで、いずれも成長して猛将となりました。その末っ子が**吉川蔵人頭広家**です。

広家は子供の頃からやんちゃで行儀が悪く、二人の兄と比べて「うつけ」と呼ばれ、末っ子なので我儘で甘やかされたことから、父親の元春が嘆く程のヤンキー少年だったそうです。その将来を危ぶまれた広家が、早世した二人の兄に代わって吉川家を継ぎ、**「関ヶ原の戦い」**の戦後処理では、本家である毛利氏を存続させる為に大活躍をしたことは、実に皮肉なことです。やはり若い頃に尖っているくらいでないと、大人になってここ一番の時に対する度胸や覚悟などは、備えることができないという実例ではないでしょうか。

豊臣秀吉とは良好な関係をつくることができなかった父や兄と違い、広家は秀吉から、

――**広家は尋常の者にあらず、五万の将となるとも不足なし。**

とその文武の才を絶賛されて気に入られます。天正16（1588）年、広家は豊臣姓を下賜されて侍従に任官し、従四位下に叙された上に、秀吉の養女となっていた宇喜多秀家の姉を妻に迎

中文 注意观察敌人后方的部队。

え、出雲月山富田城14万石を与えられています。

秀吉の期待に違わず広家は**「文禄・慶長の役」**に出陣して、大いに活躍します。慶長2（1597）年に明の李如松将軍が率いる大軍が、加藤清正や浅野幸長が籠る蔚山城を包囲した際、救援に赴いた毛利軍の先鋒として、広家が逸早く敵軍へ突撃して、日本勢に大勝利をもたらしました。広家の奮戦ぶりに、勇将で知られた加藤清正、黒田長政、立花宗茂などは目を見張ったという逸話が残されています。

その決戦の際、城を囲む明・朝鮮軍は、後方から現れた日本軍を警戒し、挟み撃ちされることを恐れ、自分たちの兵数が多いにもかかわらず、撤収の動きを見せます。その動きを日本諸将の中で、誰よりも早く見付けて動いたのが広家でした。

——大軍の引くは必ず裏崩れするものぞ。

裏崩れとは、「前方の軍が戦線を破れない時、後方の軍が動揺して戦う前に崩れてしまう」という意味ですが、雲霞の如く蔚山城を囲む明軍に対峙して、広家は一瞬で見抜きました。

それまでの実戦経験からすると、広家はこのことを書物、もしくは叔父の小早川隆景といった歴戦の勇将である先輩たちから、学んだのでしょう。この言葉を発した後、誰も注目しなかったポイントについて、本項フレーズで的確に指示しています。

ビジネスにおいて大切なのは、誰もやらないこと、誰も目を付けないことに、他よりも先に気が付いてチャンスを見出すことです。そのことを広家は、よく理解していたトップでした。

▲吉川広家の墓
（山口県岩国市・洞泉寺）

英文 Always keep an eye on the soldier at the enemy's rear. That is the troops' point of collapse.

73

最小の労力で問題を解決する

小事は大事、大事は小事と心得るべし。

【藤堂 高虎　1556〜1630】

「関ヶ原の戦い」の武功によって伊予宇和島8万石に加えて、隣接する越智郡12万石を与えられて伊予半国20万石の大名となった**藤堂和泉守高虎**は、今治に居城を築きます。その普請奉行を命じられたのが、新たに2万石の大禄で召し抱えられた渡邊勘兵衛（82項）です。

高虎とはライバルで犬猿の仲の加藤嘉明（75項）も、高虎と隣接して伊予半国20万石を与えられて松山に築城を開始します。2万石の破格の待遇で勘兵衛を召し抱えたと聞いた嘉明は、

「高虎はむさ苦しいことをするものだ。200石取りの士を100人抱えた方が良い。如何に勘兵衛が鬼神のような働きをしても、100人相手では敵わないであろう」

と嘲笑います。すると高虎は、次のように応じます。

「嘉明はよく分かっていない。200や300の普通の兵が守る城など簡単に踏みつぶせるが、勘兵衛が守ると聞けば、敵も肝を冷やして容易に攻め寄せて来ないはずだ」

共に正論ですが、まさにトップとしての視点と手法の違いが明確に分かる逸話です。

高虎は主君を七度も変えたことで、不忠の極まりなしと非難されることがありますが、高虎の力量を正当に評価することができる器量あるトップに巡り合うまで、高虎は些か時間がかかり、

中文 小事才重要，小事会生出大事。

他の人より多く転職したということでしょう。豊臣秀吉も高虎の実力を認めてはいましたが、徳川家康の方が高虎をしっかりと使いこなし、外様ながらも伊勢津32万石を与えて、譜代の井伊氏と並んで藤堂氏を徳川の先鋒に位置付ける程に信頼を寄せました。

高虎が命懸けで働くことを心掛けていた言葉として、次のようなものがあります。

——寝所を出るより其の日の死番と覚悟して寝る故に、物に動ずることなし。

「毎日就寝前に翌日の仕事を決めて気合いを入れ、その仕事に取り組む」という覚悟があれば、起床してからその日の行動を確認するような人と比べるまでもなく、仕事がデキるのは当然だと納得するはずです。また本項フレーズで、仕事の目の付け所について説いています。

「大事の時は、関係者全員を集めて対応策を協議するので大問題に発展しないが、小事を大事と同じように思えば、たった一言で解決することが往々にしてある。大事は小事が積み重なった結果なので、小事の時に手を打っておけば善いものだ」

と高虎は明言しています。大火になれば鎮火の為に大勢の労力が必要ですが、小さな火種であればコップ一杯の水でもかければ簡単に消火することができるというロジックです。

▲藤堂高虎の墓
（三重県津市・寒松院）

現代の組織の内外においても、小事の間に解決しておけば、大事に至って右往左往したり、多大な時間とエネルギーを無駄にしなくて済むケースは多くあるはずです。このマネジメントの要諦を心掛ければ、同じ労力でも成果に格段の差が付くことをリーダーたる者は肝に銘じて実践するべきでしょう。

英文 The trivial matter is important, and the serious matter is always caused by a trivial matter.

74

メンバーに適切な仕事を与えよ

人を使うに無役にて置けば、心たゆみて睡眠の生ずるものなり、何なりと言付けるが良きぞ。

【松倉 重政 1574~1630】

島原藩6万石の初代藩主となった**松倉豊後守重政**は、キリシタン一揆として有名な「**島原の乱**」の主因を息子の勝家がつくって松倉氏が滅んでしまったことから、苦労人で気概溢れる優れた創業トップにもかかわらず、その功績は全て帳消しとなってしまっている観があります。

重政の父である松倉右近重信は、大和の筒井順慶の家老で、島左近と共に筒井氏の「右近左近」と並び称された武将です。「**本能寺の変**」の際に、明智光秀に恩ある順慶が洞ヶ峠で日和見を決めたのは、この重信の献策であったと伝えられています。その重信は「**小牧長久手の戦い**」で奮戦したことから、豊臣秀吉に認められます。

順慶の後を継いだ若い定次は暴君で、重信に代わって家老となった重政が度々諫言をしましたが、秀吉に嫌われた定次は大和から伊賀へ転封になります。秀吉は重政を自分の弟の秀長の右腕として、大和に知行を与えます。重政は「**関ヶ原の戦い**」では徳川家康の下に単騎参陣して武功を挙げ、大和五条1万石の藩主となります。重政は商業を奨励して優れたマネジメント力を発揮して、名君と称えられる実績を上げます。

中文 用人时，如果不给他任务，这个人便会过于放松而犯困。所以即使是微不足道的任务也好，给他一些任务去做才是重要的。

「大坂の陣」に際しては、改易された筒井定次の弟らが家康から大和郡山を守るように命じられたのを聞くや、「自分は筒井家の旧臣である」と言って、

——今(いま)、難(なん)を見(み)て救(すく)わざるは義(ぎ)にあらず。

と寡兵の郡山城を救援するべく馳せ参じる義侠心を見せています。大坂方の勇将・後藤基次を討った功績で、肥前日野江4万石を与えられます。新領主として重政は島原に新しい城を築き、厳しく年貢を課したことから領民の反発を招きます。領民の多くがキリシタンであった為、江戸幕府のキリシタン弾圧令に従う重政と対立を深めます。領内のキリシタンを根絶するべく、重政は幕府に願い出て呂宋(るそん)国（フィリピン）に遠征を試みますが、それを果たす前に病死してしまいます。「五条の名君」が、「島原の暴君」としての悲しい死でした。

重政は浪人たちに対して**「士(サムライ)には貴賤(きせん)なし」**として親しく面倒を見たそうで、自分の組織のメンバーに対して、きめ細かな配慮を見せて大切にしていたことが分かるのが、本項フレーズです。**「仕事中に居眠りをする者が悪いのではなく、眠くならないように仕事をしっかりと与えないトップが悪い」**と重政は断言しています。

▲松倉重政の墓
（長崎県島原市・江東寺）

重政の墓は、**「島原の乱」**を鎮圧する為に、幕府から派遣され、戦死した大将の板倉重昌（70項の板倉勝重の次男、兄は重宗）の墓と共に、島原の江東寺に並んで建っています。その佇(たたず)まいに、誰もが一瞬、「しげまさ」同士が何を語り合っているのであろうかと思いを巡らせてしまいそうになります。

英文 If the top leader doesn't assign a task to his organisation's staff member, the staff member easily becomes sleepy. Therefore, even if the task is trivial, the top leader should always let his member work.

75

言動の深層に隠されているものとは

偽と貧と品替れども、心の落著は同類なるべし。

【加藤 嘉明 1563~1631】

「賤ヶ岳の七本槍」の一人である**加藤左馬助嘉明**は、父親が松平広忠（徳川家康の父）の家臣であったと伝えられていますが、近江長浜城主となった羽柴秀吉に15歳の時に見出されるまでは、博労をしていたそうです。その詳しい来歴は不明ですが、嘉明は裸一貫で会津43万石の大大名にまで出世したことは間違いありません。

秀吉の**「四国征伐」**で活躍して淡路志知城1万5000石を与えられて以来、騎馬の達人であったにもかかわらず、嘉明は淡路水軍を任されて**「九州征伐」「小田原征伐」「朝鮮出兵」**に従軍します。特に**「文禄の役」**において嘉明は、朝鮮の名将である李舜臣が率いる水軍と激戦を繰り広げ、その功績によって伊予松前城10万石に加増されます。

「関ヶ原の戦い」では、福島正則、浅野幸長、池田輝政らの豊臣恩顧大名と共に家康の東軍に付き、本戦では石田三成と戦って武功を挙げ、戦後に伊予松山城20万石を与えられます。

「大坂冬の陣」では豊臣恩顧を理由に江戸留守居役を命ぜられますが、**「大坂夏の陣」**では出陣して秀忠を扶けます。同じ「賤ヶ岳の七本槍」の福島正則は**「大坂の両陣」**共に江戸留守居役を務めさせられ、戦後には幕府に難癖を付けられて改易されます。その際、嘉明が正則の身柄を預かり、

中文 虚伪和贫瘠看起来不同，在心灵层面上确是相同的。

居城の広島城の接収役を命じられています。

元和8（1622）年、徳川家光が「具足始め」という武将の子供が鎧を初めて着用する儀式の際、戦国時代を知る数少ない生き残りとして、その介添え役に嘉明が選ばれています。

寛永4（1627）年、会津藩主・蒲生忠郷の早世によるお家騒動で蒲生家が伊予松山へ転封となり、嘉明が伊予松山から会津に43万石で移封されます。この時に三代将軍家光は、藤堂高虎に会津を任せるつもりでしたが、高虎が固辞して嘉明を推挙したことから、嘉明が大大名となりました。実は**「朝鮮の役」**以来、嘉明と高虎は犬猿の仲と有名でしたが、

――私事は別として、国事として嘉明が適任である。

と高虎の推挙があったことを知った嘉明は、それ以後は高虎に感謝して「水魚の交わり」を結んだという美談がありますが、単に高虎が寒冷地へ行きたくなかったのが真相かも知れません。

家康の病が重くなった時、病床で秀忠に対し、「嘉明は同じ三河出身であり律儀者で、秀吉の頃からも誼を通じていたので、粗略にするべからず」と言う一方、「決して油断はならないぞ」とも申し伝えています。律儀者と称されていた家康に、律儀者と褒められた嘉明は、

「トップにゴマを擦って媚びを売って出世しようとし、それが恥ずかしいことだと分かっていながら自らのプライドを持たない者は、悪事でも何でもやって自分の利を求める」とゴマすりを厚顔無恥と指弾して、**「偽りと欲とは違うような物に見えても、所詮は同じである」**と本項フレーズで断言しています。現代においても然りです。

▲加藤嘉明の供養塔
（京都市左京区・専念寺）

A falsehood and poverty seem different, but they are almost identical to a low level of human quality.

コラム⑱

名将たちがあこがれた日本随一の名将 楠木正成

日本史上、最も優れた武将、即ち「名将の中の名将」を挙げるならば、それは後醍醐天皇の忠臣であった楠木河内守正成（1294?～1336）であろう。忠義を重んじる愚直な誠実さ、寡兵をもって大敵を破る智略、義理と人情に溢れる正義の味方、そして死を前にして日本人ならではの潔さといった美徳の全てが凝縮されたのが、正成その人である。

正成に対する評価は、時代によって揺れ動く。江戸時代は忠臣と美化され、神として崇められ、明治維新後には天皇権威の強化に利用された。

第二次世界大戦後は、正成やその一族の美談は小学校の教科書から削除され、タブー視されて無視されるようになった。正成に対して公正な評価を現代の日本人は、果たしてしているのであろうか。

天皇崇拝を押し付ける皇国史観を知らない戦国武将たちは、明らかに正成を智略に優れた名将として尊敬している記述が数多くある。多くの名将たちは、その優れた武略や智略に対して、正成の再来と称賛されている。

戦争や武士というものが頭ごなしに否定される時代が過ぎた21世紀の日本において、民衆のリーダーであり、組織のリーダーたる者としての正成を改めて評価し、そこから私たちがもっと学んでも良いのではないだろうか。

不誠実さや狡賢さ、虚名を良しとするのではなく、清々しく歴史に名を残す人物への尊敬さや謙虚さが現代の日本に復活して欲しい。

20世紀末までは、歴史はオヤジのロマンの世界であったが、最近になって歴史好きの若い女性、所謂「歴女」が増えている。

もし彼女たちが、正成のような彼氏や夫、そして育てるなら正成のような男の子に、という声が大きく聞こえるようになれば、日本の未来もまだまだ捨てたものではないのではないかと思うのは、歴史オヤジの妄想でしかないのであろうか。

▲楠木正成の生誕地（大阪府千早赤坂村）

▲千早城跡（大阪府千早赤坂村）

▲楠木正成の像（千代田区・皇居外苑）

▲楠木正成を祭る湊川神社（神戸市中央区）

▲楠木正成の首塚（大阪府河内長野市・観心寺）

▲楠木正成の戦死の地（神戸市中央区・湊川神社境内）

4 トップとして歴史に名を残す生き方

76

任命責任の重さを知る

近臣を除するに、其の人を得ざるは是、我の過ちなり。

【徳川　秀忠　1579〜1632】

江戸幕府二代将軍の**徳川太政大臣源朝臣秀忠**は、偉大な父である家康と対比され、温厚ながらも凡庸な人柄であったことが今日でも強調されていますが、秀忠が優れた二代目であったからこそ、江戸幕府は260年余りにわたって日本を支配することができたのです。

偉大な父を持った息子が、父と同じ道を歩まざるを得ない時、尋常ならざるプレッシャーが周囲から容赦なく課せられ、それは容易に乗り越えることができないのは当然のことです。上手く行っても親の七光り、下手なことにでもなれば「阿呆息子」呼ばわりされますので、普通であれば息が詰まるでしょう。そういった中で、大組織で見事に親の七光りを何倍にも光らせた秀忠は、父の偉業を妨げず、且つ貶めなかった後継者として成功しました。

戦国時代ならば、トップは武勇に優れることは大切です。「率先垂範」で下っ端の家来まで奮い立たせる勇敢なトップに、誰もが付いていくものですが、戦働きの活躍だけが統率力の要諦でないことは誰でも知っています。

秀忠は幼い頃に豊臣秀吉のところへ人質に出されていたこともあり、戦場に出ることがありませんでした。**「関ヶ原の戦い」**で中仙道ルートを進軍する徳川勢を家康に代わって任されたのが初

中文 领导提升干部，这个干部无法胜任的话，是领导的责任。

陣で、真田昌幸が籠る上田城攻めに失敗して「**関ヶ原**」の本戦に遅参したことから家康から大叱責され、榊原康政が自らの命に代える覚悟で秀忠の弁護をした程です。秀忠はこの時、あわや後継者の地位を失うところであったとも伝えられています。

しかしながら、イチかバチかの勝負などしない老獪な家康が、自分の虎の子の精鋭の「三河武士団」に多く譜代の幹部とメンバーたちを付けて息子に率いさせたのは、万が一の時の保険として力を温存していたに違いありません。その損な役割を引き受けて秀忠は、淡々と自らに課せられた職分を甘んじて全うしたのです。これをトップリーダーとしての器量と言わなければ、いったい何なのでしょうか。

本項フレーズは４００年前の人の言葉には思えない程、秀忠は自分に厳しい優れたトップであったことが窺えます。人を抜擢してうまくいかなかった時は、トップ自身の過ちであると明言しているからです。確かに任命責任はトップにとって最も重い責任であり、それを堂々と公言して憚らない人は、現代においても実際のところはあまり多くないものです。

——**吾、常に人を知るを以て務めと為す。**

▲徳川秀忠夫妻の合祀墓
（東京都港区・増上寺）

トップマネジメントに唯一必要な責務は何かと問われたら、秀忠の口癖であったという、この一言に尽きます。組織のトップとして秀忠が、優れた資質の持ち主であった確固たる証拠です。「能ある鷹は爪を隠す」ことを徹底して、凡庸を気取るかのように鈍感力を磨くことの心掛けも、組織のトップたる優れたリーダー哲学の一つではないでしょうか。

英文 An effective leader is responsible if he selects an ineligible executive for the organisation.

77

どこまで自分を律することができるか

身を以て教うれば、口骨を折らずして、下僕能く従うなり。

【寺沢 広高 1563~1633】

寺沢志摩守広高は、息子の堅高が「**島原の乱**」の主因をつくった責任を幕府に問われて自害し、寺沢家が改易となって断絶してしまったことから、唐津藩12万石の初代藩主にまでなった功績が、全て否定されてしまった不運な名将です。広高は、74項の松倉重政と同じ立場にあります。

尾張生まれの広高は、豊臣秀吉がまだ織田信長の組織でヒラであった頃に、父親が仕えた関係から早くから出仕し、秀吉の組織において事務方として頭角を現しました。「**文禄の役**」の際、秀吉の総司令部となった名護屋城の普請、前線への補給責任者として活躍したことから、肥前唐津8万石を与えられた上で、長崎奉行に抜擢されます。

加藤清正や福島正則らの「武断派」に対立する「文治派」と呼ばれる石田三成や大谷吉継と同じグループに属していましたが、「**関ヶ原の戦い**」では徳川家康に味方した功績によって、天草4万石を飛び地ながらも加増されます。広高は、

「**城や山に登って人を見下ろしても誰も怒らないが、家や城の二階三階から見下ろすと人は恨む。また才智を鼻にかける者は人に憎まれるが、位が高く徳もある者は誰にも恨まれない**」

と日頃から口ぐせにしていました。成程「**関ヶ原**」で広高は、古くから付き合いのある同僚なが

中文 以行为做榜样，不用嘴上说，下属也能服从。

らも上から目線の三成ではなく、天下一の律義者と尊敬されていた家康に従っています。

広高は質実剛健の人で、毎朝4時に起床して午前6時から仕事をし、その合間に得意の乗馬を行い、鉄砲、槍、弓矢も巧みで若者に稽古をつけ、午後6時には就寝するという規則正しい生活を行っていたそうです。また組織の一般メンバーたちと同じく一汁一菜と粗食で、夫人と共に衣類も粗末な木綿しか着なかった一方、1000石以上の高禄の大幹部を40人も召し抱え、人財をとにかく大切にしました。広高は組織のトップとしての心得について、

――下に令する所、自ら之に先立つを善しとなす。

と前置きしてから、本項フレーズで「率先垂範」の大切さについて説いています。広高が現実的な優れたリーダーたる者であったことは、次の逸話から分かります。ある時に、

「銭勘定や米の升目など分からない者が関ヶ原で潔く死んだ。これこそ真の武士である」

という言葉を耳にした広高は、**「それは違う」**と次のように反論しました。

「金勘定がしっかりできない者は、生活に困って飢えたり、武具を売り払ってしまったりするような武士であろう。むしろ関ヶ原で死んで幸せであったに違いない」

▲寺沢広高の墓
（佐賀県唐津市・鏡神社境内）

時代の変化に自らを変えることができない者は、リーダーたる者の資格はないとバッサリと切り捨てています。また、イザという時の為に、金銭的な余裕は大切だということです。日本三大松原で有名な「虹の松原」は唐津湾沿岸に4km以上にわたって100万本の松林が続く名勝ですが、これは広高が新田開発の為に植樹した防風林がその始まりです。

英文 Staff member works well if you show how to work hard as opposed to telling them many things.

78

重要なことはたった一人で決断する

惣じて大事の義は、人に談合せず、一心に究めるが善し。

【伊達 政宗 1567～1636】

独眼龍の異名をとる伊達陸奥守政宗は、NHKの大河ドラマで演じた俳優のカッコ良さが強烈な印象を現在まで残していることから、未だに根強い人気があります。遅れて来た戦国武将、最後の戦国大名というキャッチコピーは、多くの人の心を掴んで放しません。因みに「独眼龍」という綽名は、後世に付けられたもので、刀の鍔を眼帯にして左目を覆っているのも、テレビドラマや映画向けの演出です。

政宗の武将としての実力は、極めて高いものがあり、同時代の武将たちからも一目も二目も置かれていたことは史実ですが、名門意識が人一倍強く、プライドもかなり高かったようです。政宗の自慢話交じりに田舎武者扱いされたことに腹を立てた島津豊久が、政宗に言い返す智恵を立花宗茂に授けられた話や、政宗を無視して廊下をすれ違おうとした直江兼続に無礼だと政宗が呼び止めたところ、「戦場で敗走している後ろ姿しか見ていないので、お顔が分かりませんでした」と惚けられてしまった話などが知られています。普段から政宗の言動や態度にカチンと来る者たちが、その他にも大勢いたようです。

身分の違いや官位の上下が煩かった昔では、平等意識の高い現代人からは分からない感覚があ

中文 所有的问题，都是从小事变成大事的。绝对不要大意。

りますが、現在でも序列や順番などで直ぐに不機嫌になる人もいますので、それと近いやや気難しい性格のトップであったのでしょう。

しかしながら、さすが加賀102万石の前田、薩摩77万石の島津に続く、仙台62万石の大大名だけあり、政宗のトップマネジメント力や日頃からの心掛けは、現代においても十分過ぎる程に通用し、学ぶ点が数多くあります。政宗が現代に生まれていれば、政治家としても経営者としても、縦横無尽の大活躍をしたであろうことは、他の名将の言葉以上に残された数々の言葉から類推することができます。

- **今は火急の時だ。分からぬ将来のことを心配しているより、まず目前のことをせよ。**
- **朝夕の食事はうまからずとも褒めて食ふべし。元来、客の身に成れば好き嫌ひは申されまじ。**
- **仁に過ぐれば弱くなる。義に過ぐれば固くなる。礼に過ぐれば諂（へつらい）となる。智に過ぐれば嘘を吐く。信に過ぐれば損をする。**
- **物事は小事から大事が起こるのだ。決して油断するな。**
- **まともでない人間に対して、まともに相手する必要はない。**

▲伊達政宗の霊廟（仙台市青葉区・瑞鳳殿）

晩年の政宗が述懐したのが、本項フレーズです。

政宗は人生において三度ばかり死を覚悟したことがあり、その時には誰にも相談せず、自ら深く熟慮した上で決断したことが成功だったと断言し、その経験則を誰にとっても真理であると強調しています。トップは明鏡止水の心を持つことが、肝要ということでしょう。

As with all problems, a serious matter grows from something trivial. Never be careless.

79

歴戦のリーダーが見せた意地

のそのそとは、お通りなさるること、難しかるべし。

【丹羽 長重 1571〜1637】

丹羽加賀守長重は、浮き沈みの激しい戦国時代の中でも、極めて特異な人生を送りました。父は織田信長の右腕だった丹羽長秀、母は信長の姪、そして長重の妻は信長の五女でした。妻の姉たちは、蒲生氏郷、松平信康、前田利長らに嫁いでいます。

父の長秀が死去し、長重は14歳で若狭、越前、加賀の123万石を相続しますが、少年には荷が重いとイチャモンを付けられて、若狭小浜15万石に減封され、長束正家、溝口秀勝ら有能な幹部たちも秀吉に取り上げられた末、加賀松任4万石にまで削減されます。しかしながら長重は、「**小田原征伐**」での功績で加賀小松12万石に加増の上、豊臣姓と共に従三位・参議・加賀守と破格の高い官位官職を与えられて、秀吉にすっかり懐柔されています。

「**関ヶ原の戦い**」の北陸における前哨戦では、東軍に与した前田利長に囲まれた大聖寺城の山口宗永からの救援依頼に応えるべく長重は、幹部たちが引き留めるにもかかわらず出陣しますが、間に合いませんでした。その利長が金沢への帰途、小松を通る際にも幹部たちが籠城を主張する中、「**武士の名折れ**」と言って長重は小松城から3000の兵で出撃して、利長率いる2万5000に大打撃を与えて前田勢を敗走させます。後にこの時の戦略について、諸大名からしき

中文 你不要妄想以那种狂妄的态度经过我的领土。

りに尋ねられる程、大武功と評判になったそうです。しかしながら、西軍敗北の知らせを聞いた長重は、徳川家康に降伏し、改易となってスッカラカンとなります。

実は**「小田原征伐」**の際、年若い長重が組織をよくまとめていることに感心した家康が、秀忠と義兄弟の契りを結ばせていました。ですので、改易された3年後の慶長8（1603）年に長重は、早々と常陸古渡（ふっと）1万石で大名に復帰しています。

更に**「大坂の陣」**での武功から立花宗茂と共に秀忠側近の御伽衆（おとぎしゅう）となり、元和8（1622）年には、陸奥棚倉（たなくら）8万石に加増され、寛永4（1627）年には陸奥白河10万石にまで返り咲きます。123万石からゼロになり、最終的には10分の1弱の10万石に収まったという訳です。**「関ヶ原」**後に改易となって、10万石以上の大名に復帰したのは、立花宗茂とこの長重だけです。

信長の安土城の建築責任者を務めた父の長秀以来、長重は城づくりのノウハウを持っていたことから、江戸幕府は東北の備えとして棚倉、白河小峰に立派な石垣を備えた城郭を長重に築城させました。前項の伊達政宗が参勤交代で仙台と江戸の間を往復する際、長重が白河小峰に在城している時は、必ず立ち寄って酒宴を共にしたそうです。ある晩に政宗が、

「会津の加藤嘉明（かとうよしあき）と貴殿は、奥羽への抑えと幕府は考えているようだが、数万の大軍でワシに押し通られたら、さぞ難儀されるでしょうな」

と意地悪く尋ねられた長重は、**「我らは小勢ですが、貴殿の旗本さえ突き崩せば」**と言って本項フレーズで答えると、政宗は「利長の二の舞は勘弁」と大笑いしたそうです。

▲丹羽長重の墓
（福島県白河市・円明寺）

英文 I do not let you swagger as always if you pass over in front of my eyes.

80

仕事におけるスピードの重要性

遅かるべくして速なれば、則ち大過なし。速なるべくして遅き時は、則ち大過あり。

【蜂須賀 家政　1558～1639】

蜂須賀阿波守家政の父である小六正勝は、豊臣秀吉が子供の頃に奉公に出された陶器屋を脱走して、矢作橋の上で寝ていた時に、遭遇した野盗の頭目であったという伝説で知られています。小六が秀吉の鼻っ柱の強さを気に入って手下に加えたというこの物語は、実はフィクションですが、それ程に蜂須賀家は秀吉と古くからの関係があったということです。

蜂須賀家は尾張の国人の一つだったと今日では認められていますが、織田信長と敵対する勢力側についていた為、紆余曲折の末に秀吉の側近となります。

小六の嫡男である家政は、父と共に秀吉の合戦で武功を挙げ、天正13（1585）年の長曾我部元親を討つ「**四国征伐**」の功績で、父に代わって阿波徳島18万石を与えられました。

家政は「**九州征伐**」「**小田原征伐**」「**朝鮮出兵**」と豊臣大名として活躍する一方、息子の至鎮が徳川家康の曽孫を妻に迎えます。「**関ヶ原の戦い**」の際に家政は、大坂城で軟禁されますが、この息子の武功により蜂須賀家は所領を安堵され、家政は出家して隠居します。

至鎮は「**大坂の陣**」では豊臣方の誘いを断って徳川方で戦功を挙げ、徳島藩は25万7000石

中文 可以慢慢行动的时候，快速行动也没问题。但是需要快速行动时，慢慢的行动就成了大问题了。

▲蜂須賀家政の墓
（徳島県徳島市・興源寺）

となります。しかしながら元和6（1620）年に至鎮が急死してしまい、その8歳の息子である忠英が徳島藩二代目藩主となり、江戸幕府より60歳を超えた家政が後見を命ぜられ、徳島藩のマネジメントを一手に引き受けました。

家政は智謀に優れた士でありながら非常に人当たりが良く、メンバーたちには常日頃から、

――**武士は情けあるを以て良しとす。**

と教え諭し、組織に属する末端メンバーにまでよく目を配り、その仕事ぶりを細かく評価したそうです。そこには、四国の大藩のトップでありながら、些かも慢心や驕りが見られません。

本項フレーズは家政がよく口にした言葉で、これはまさに『孫子』にある**「拙速は巧遅に勝る」**のことです。家政が漢籍に親しんだという確証はありませんので、学識のある僧が噛み砕いて教えてくれた言葉を家政自身が、実体験の中で学んだ原則と重ね合わせて自らの信条としたのでしょう。多くの戦場、即ち修羅場をくぐり抜けて来た家政は、**「仕事において機先を制するスピードこそ何事よりも大切である」**と教えてくれています。

徳川家光は、加藤嘉明、丹羽長重、立花宗茂、伊達政宗、そして家政といった歴戦の名将たちから武勇伝を聞くのを楽しみとしていました。その中で反りの合わなかった独眼龍・政宗から、家政は**「阿波の古狸」**と綽名されています。その政宗も秀吉の死後の不穏な時期に、激怒した前田利家に**「二股膏薬」**、つまり裏切者、変節漢と罵られた曲者ですので、家政はかなりの老獪なリーダーたる者であったのでしょう。

英文 When you must act hastily, it becomes a big problem if you act slowly. When you do not need to act hastily, there is no problem even if you do so quickly.

81

老将が保持した先進的な価値観

我等が子孫、また忠勤を尽くして御加増を拝領すべきならば、我等取りて譲るに及ばず。

【大久保 忠教 1560~1639】

「昔は良かった。懐かしい」と現状に不平不満ばかりの頑固爺さんの三河武士の代表と言えば、昔から**大久保彦左衛門忠教**が有名です。実際のところ彦左衛門は、原理原則に忠実で、常に正論を吐き続けていた人物であり、自らの信念にブレない優れたリーダーたる者でした。

剣豪で知られた柳生宗矩が剣術の試合の話をしているのを聞きつけた彦左衛門は、ならばワシもと宗矩に試合を申し込みます。快諾した宗矩は、試合の当日に庭を掃除して待っていたところ、甲冑に大槍と完全武装の彦左衛門が現れ、おもむろに袋を外して槍先を研ぎ始めます。宗矩がビックリしていると、彦左衛門はフンと言って、

「昔から試合とはこうやっている。庭に砂をまいた所で、先に手毬のようなものを付けた竹刀に皮手袋で試合などしたことはない。山の崖や田の中で試合をして来たので、たまには庭先にきれいな砂をまいたところでの試合も面白かろう。さあ、いざ参れ」

と構えるので、宗矩は苦笑して試合を辞退しました。実戦力が試される機会がなくなった時代、常にその心掛けを忘れない人がいることは、ある意味で組織にとって幸せなことです。

中文 子孙忠诚且勤劳，理应得到赏赐，所以我没有放手我的官职和领地的打算。

この彦左衛門は、出世の為にご機嫌伺いなどには一切行かず、それを見兼ねた親戚の者が、「貴殿一代の間は良いでしょうが、子孫の為にも時節の挨拶くらい行っては如何ですか」と勧めると「尤もなり」と彦左衛門は答えて、老中たちの屋敷を回ることにしました。珍客が来たと取次の者たちがビックリしていると、彦左衛門が大声で次のように言上しました。

「今の時代、媚び諂わないと子孫の為にならないと親戚の者が言うので、子孫のことを不憫に思って、こちらへ媚びを売りに参った」

沼津藩主である彦左衛門の兄は、後継ぎがいないことから、弟を養子にしようとしましたが、

「人が稼いだ知行など欲しくない」

と彦左衛門が拒絶した為、兄の死後に沼津藩は断絶してしまいます。

また彦左衛門自身が80歳で死の床にある時、将軍家光が見舞いの使者を寄越して、彦左衛門に5000石を加増すると知らせました。

「元気な時に加増あれば有難き幸せだが、重病で十中八九ダメな時の加増などは、必要なし」

と辞退します。「明日までの命かも知れないが、子孫へ残してやれるではないか」と使者が諭すと、彦左衛門は本項フレーズで**「子孫は自分で忠勤に励んで加増を受けるべき」**と謝絶し、仮にもらっても譲るつもりなどはないと最後の頑固ぶりを発揮してから亡くなりました。

世襲が当たり前の時代に、保守的で頑固一徹の姿勢を崩さなかった意固地な老将が、実は極めて開明的で合理的な思想の持ち主であったことは皮肉なことです。

▲大久保忠教の墓
（東京都港区・立行寺）

英文 My own descendants should work hard at loyal service and should earn their reward, so I have no intension of handing over any reward and land which I have earned.

82

シンプルな指示で組織を統率する

相構えて旗下を一粒後へ踏み越えたらば、たとえ逃げずとも逃げたるなり。

【渡邊 了 1562～1640】

渡邊勘兵衛了(「さとる」ともいう)は、組織という型に嵌らず、自分の信念を曲げてまで他と協調することをせず、ポジションに拘る執着心も少なかった士の中の士です。

勘兵衛は高度成長初期やバブル経済の最中に活躍ができるような乱世型であり、縮小していく世の中や自粛が美徳の世界では、生き残るのが難しい不器用なタイプだったのでしょう。まさに非常時に役立つリーダーたる者でした。

どんなに優れた資質を有する人間でも、運や時代に恵まれなければ、大成しないことは誰もが承知のことですが、中でも仕えるトップとそりが合わなければ、その力を十二分に発揮するチャンスも失われてしまいます。勘兵衛は、中村一氏、増田長盛、藤堂高虎に仕え、その力を大いに発揮しますが、トップより力量があり過ぎ、尚且つそれを抑えて媚びるような性格でもなかったことから、結果としてうまく組織に残ることができませんでした。

「関ヶ原の戦い」の時、西軍に与した増田長盛の大和郡山城の城代として城を預かっていた勘兵衛は、西軍の敗北後に城を接収しに来た東軍方の藤堂高虎と堂々と渡り合います。手際よく城の

中文 比这面旗子哪怕靠后一厘米，就算没有逃跑的打算，我也把他们视为逃兵。

受け渡しを行ったことから、高虎に気に入られて2万石の高禄でスカウトされます。

トップから任務を与えられた時、そのトップから離れた場所で、異常事態の渦中で直接に指示判断を仰ぐことができない場合でも、的確な判断を下して対処ができるのは、本当に仕事ができる者ということです。

「大坂の陣」では様々な献策をして、実際の現場でも勘兵衛は大奮戦します。その際に陣中に旗を立て「戦闘に疲れたら何度でも目印の旗に戻って来て休息し、また出撃せよ」と下知する一方、本項フレーズで**「この旗より後ろに少しでも行った時は、どんな言い訳をしても逃亡と見做して処罰する」**と厳命しています。

勘兵衛の戦場での組織マネジメントは、メンバーに自己判断で最善を尽くさせることを第一とし、この一線だけを超えてはいけないというラインをシンプルで明確に示しています。戦場など必死の非常事態となれば、細々とした指示は誰も記憶して厳守することはできないものです。

勘兵衛は**「大坂の陣」**後に藤堂家を去って浪人となり、京都で蒸し風呂屋を開業します。浪人の苦しさや惨めさを知る苦労人の勘兵衛は、落ちぶれている浪人たちに気配りをしてもてなしたことから、勘兵衛の風呂屋は浪人たちで溢れ返る程の繁盛ぶりだったそうです。風呂屋をしながら勘兵衛は、再び戦乱となるチャンスを待ちますが、一介の浪人として亡くなります。現代の京都で若者たちの往来が多い新京極にある誓願寺の墓地に、父祖ら一族と共に勘兵衛の立派な墓が、ひっそりと静かに残されています。

▲渡邊了の墓
（京都市中京区・誓願寺）

英文　If anyone withdraws beyond this flagpole, no matter what kind of excuses he says, I consider it an escape from the battlefield.

コラム⑲

「五輪塔」

「五輪塔」は、5つの石材パーツからできている。

下から方形の「地輪」、球体の「水輪」、三角形の「火輪」、半球の「風輪」、天辺のスライムのような団子型の「空輪」の五つの石が塔として積まれている。地・水・火・風・空は、仏教において「五大」と呼ばれる宇宙の要素（エレメント）を現している。

「五輪塔」は仏教の故里であるインド発祥で、元々は遺骨を納める容器をかたどったものと言われている。しかしながら、同じタイプの「五輪塔」は日本以外の仏教国にはないことから、実は日本発祥の形式らしい。

日本各地で墓や供養塔として「五輪塔」がつくられるようになったのは、平安時代後半からで、「五輪塔」は僧侶や公家の供養を願って建てられたものも多くあるが、基本的に「武士の時代」に流行った形式である。

手のひらに載る小型サイズのものから、人間の身体の何倍もの巨大サイズまで様々な大きさで、花崗岩などの材質でつくられており、五つの異なった形の石に、上から梵字で、キャ・カ・ラ・ヴァ・ア、つまり空・風・火・水・地と彫られている。宗派によって、妙・法・蓮・華・経とか、南・無・阿弥・陀・仏が彫られている場合もある。

五輪塔を広めたのは、弘法大師空海以来の天才と称され、真言宗の中興の祖となった興教大師（こうきょう）（1095〜1144、覚鑁上人（かくばん））であることから、高野山の奥の院への2キロにわたる参道沿いには、一説には20万基を超えると言われる数多の数の供養塔がある。そこには多くの武将や大名たちの「五輪塔」が存在している。武将の墓参りには、まさにここに勝る聖地はない。

最も古い「五輪塔」は、天禄元（970）年の銘文がある多田満仲（清和源氏の祖先）のものである。また、駿河大納言忠長が母であるお江（浅井三姉妹の末妹、徳川秀忠正室）の為に寛永4（1627）年に建てた「五輪塔」は、台座を含めて8mを超え、高野山で最も大きい「五輪塔」として知られている。それを前にすれば誰しも、悲運の忠長の母への大いなる愛に圧倒されるであろう。

因みに「五輪塔」は50年以上前に亡くなった先祖を祭る仏塔とされ、100年以上前に亡くなった先祖を祭る場合は、「宝篋印塔（ほうきょういんとう）」と呼ばれる形式の仏塔が用いられる。こちらは方形を基調としたデザインで、四角柱の塔身の4面に梵字が彫られ、上部に棒状の相輪を載せたものだ。「宝篋印塔（ほうきょういんとう）」も「五輪塔」と並んで、高野山を始めとして各地の武将の墓や供養塔に採用されている。

▲お江の供養塔（和歌山県高野町高野山・奥之院）

▲多田満仲の供養塔
（和歌山県高野町高野山・奥之院）

▲宝篋印塔
（長曾我部信親の供養塔・高知県高知市・雪蹊寺）

83

メンバーに力を発揮させる心掛け

善く兵を用うる者は衆寡常に形なく、奇正常に勢いなし。

【立花 宗茂 1567〜1643】

豊臣秀吉が「九州第一の忠義の士」と激賞して、筑後柳川城を与えて独立大名に取り立てたのが、**立花飛騨守宗茂**です。「東の本多忠勝、西の立花宗茂」とも秀吉は称賛しています。

宗茂は生涯において負け戦なく、常に少ない兵力でも自ら先頭に立って大敵を破りました。「**朝鮮出兵**」の際には、明の大軍を前にしても臆することなく、「**碧蹄館の戦い**」「**蔚山の戦い**」では、異国において日本武士の名を汚すことないことを第一として奮戦して、これを撃退し、敵中に取り残された仲間の武将を援けることを厭わず、大手柄を重ねます。

秀吉の恩顧に報いるべく「**関ヶ原の戦い**」の際には西軍に属し、大津城攻めに回った為に本戦には参戦することができませんでした。敗残兵をまとめて、大坂で再決戦することを最後まで主張しますが果たせず、九州の本拠地へ帰って籠城戦を期します。しかしながら、隣国熊本の加藤清正の説得で開城し、改易処分となり浪人します。

宗茂のその武勇と器量は徳川家康に買われ、秀忠にも気に入られて側近となったことから、20年後に柳川藩10万石の旧領に復帰します。「**関ヶ原**」の敗戦組で唯一人、元の城と石高に返り咲くことができたのも、宗茂が真の武士、即ちリーダーたる者であったからこそです。

中文 与有多少人数没有关系，要审时度势，善用用人，随机应变。

天正15（1587）年に佐々成政（33項）が封ぜられた肥後で、国人たちが反乱を起こした際、宇土の支城に兵糧を何度も入れようとして失敗して窮した成政が、宗茂に援けを求めます。話を聞いた宗茂は「**明朝、兵糧をお届けましょう**」と快諾します。家臣たちが軽々しく請け負ったことに不安を覚えていると、宗茂は笑いながら本項フレーズで答えました。

「上手く兵を用いる者は、兵の多少にかかわりなく、また奇襲でも正攻法でもかかわりない」

宗茂は弟の直次と共に自ら槍を奮って、1000の兵で3000の反乱軍を撃退して大功を立てます。少ない将兵で宗茂が活躍できたのは、日頃から宗茂が将兵を大切にしていた点にあります。後の柳川藩二代藩主である甥の忠茂に対して、次のように述べています。

「自分の家来だからといって、敵に向かって『進め』とか『死ね』と指示しても、そんな命令に従う者はいない。日頃から上からは下を子供のように愛情をかけてやり、下からは上に親のように思われるように人を使えば、指示などしなくてもトップの思い通りに働くものだ」

また後に家康の九男である尾張義直が、合戦の秘訣を宗茂に尋ねた時、

「世間で評判の軍法の良いところは何でも取り入れ、戦場では敵に臨機応変で対します」

と答えてから、他家の1万の兵と自分の3000の兵では力において大差がないと明言します。そして、その理由を次の言葉で語って、義直を感動させました。

「兵に対しては依怙贔屓をせず、日頃から酷い仕事をさせず、少々の過失は見逃す。慈悲を第一にして愛情を与えれば、戦の際には誰もが一命を投げ打って戦ってくれるものです」

▲立花宗茂の墓
（福岡県柳川市・福厳寺）

英文 Regardless of the number of soldiers, an effective leader managing the soldiers well can win by both surprise attack and frontal attack.

懐深くマネジメントをする人格者

一国を保つ者は、一国を城とし、一郡を領する者は、一郡を城とする心持ち肝要なり。

【土井 利勝　1573〜1644】

土井大炊頭利勝は、それぞれの持ち場で各自が最善を尽くすことこそ、組織マネジメントの基礎になると指摘をして、本項フレーズで組織のトップはその規模の大小を問わず、所属するメンバーたちを自分の家族と同様に扱うことの大切さを説いています。

利勝は温厚で懐深く泰然自若としていて、現代の大組織でも大いに活躍してもらいたいタイプの人格者です。江戸時代の話で意外ですが、徳川秀忠はタバコが嫌いで、江戸城内を禁煙としたそうです。ある時、城中で働く者たちが休憩部屋でタバコを吸っていたところ、思わぬことに利勝がそこへ入って来ました。仰天してタバコを隠して下を向いていると、利勝が襖を閉めよと命じて**「自分にもタバコを少しくれんか」**と催促します。そこで一人の者がキセルを差し出したところ、利勝は美味しそうに二、三服してから、

「思いもよらぬ珍しき物を頂戴して忝い」と礼を述べて立ち去ろうとする時に利勝が、

「今日のことは皆と同じなので、内緒にして欲しい。今後は気を付けよう。トップがお嫌いだからな」と言ったことから、やがて城中でタバコを隠れて吸う者がいなくなったそうです。

中文 管理一家公司的领袖要把这家公司当作城堡，一个部门的负责人要把这个部门当作城堡，这样的思维方式很重要。

三代将軍家光の代になって、借金で困窮する大名、旗本、御家人に対して特別に下賜金を出したところ、皆が大喜びしました。非番だった利勝は松平伊豆守信綱からその話を聞くと、

「人は貴賤や大小を問わず、自分の限界を知って費用の節約を心掛ければ、財は足りるであろう。目の前の小さな恩恵を与えられ、十年もたたないうちにますます苦しくなり、救うことができなくなるであろう」と述べたところ、実際にそうなってしまいました。自分の分を超えて贅沢をすれば困窮することは、400年前も現在も全く変わりません。

この同僚の老中である信綱は下戸で、利勝は酒豪でした。ある時に二人そろって神田橋を通った時、千鳥足でヨタヨタと歩いている者を目撃し、信綱がホラ見ろとばかり、

「見事な酔っ払いですな」と嫌味っぽく問い掛けると、利勝は機転を利かせて答えます。

「貴殿もお気を付け下さい。下戸が酒に酔った時程、見苦しいものはありませんからな」

人はそれぞれ自分の分を守ることが、組織にとって最も大切であるというのが利勝の信念で、身の丈を越えた言行を慎み、謙虚に自己を見つめることを第一としました。

ある時、老中職に任ぜられた者が、その心得を教示願いたいと相談に来ました。利勝は、

「実に簡単な心掛けですよ。丸木で四角の器を掻き回すようにやれば良い。丸い器を掻き回して隅々までやると、悪い結果になりますなぁ」

と組織マネジメントは厳格にやり過ぎないようにと答えています。勿論これは、性善説に立って、各自がそれぞれの分を弁えて働く成熟した組織であるからこその話です。

▲土井利勝の墓
（茨城県古河市・正定寺）

英文 An effective leader should manage a company or department like his own castle.

85

自分自身に克つということ

我、人に勝つ道を知らず、我に勝つ道を知りたり。

【柳生 宗矩　1571～1646】

一介の剣士から1万石の大名にまで柳生但馬守宗矩が立身したのは、三代将軍家光の兵法指南役として絶大な信頼を受けたからです。剣豪としてではなく、武術を通してトップのカウンセリングを行い、その的確なアドバイスが認められた、つまりその智略によって功成り遂げたのです。宗矩がいま少し早く生まれたならば、名軍師として活躍したでしょう。

本項フレーズは『葉隠』にも残されているように、武士道の基本中の基本たる言葉です。現代において企業経営、政治、教育、スポーツなどあらゆる分野において、競争があり、その中で勝ち抜くことにこそ、常に価値と活路が見出されるものです。一流と言われるプロ、即ち達人ともなると、競争や勝負事は相手を打ち負かすことではなく、困難に正面から向き合って、自らに課せられた試練に打ち克つことが求められます。

「勝つ」は、勝負に勝つ、競争に勝つ、試合に勝つという具合に相手が他者の場合であり、「克つ」は、己に克つ、誘惑に克つ、困難に打ち克つというように対象が自分自身の場合です。日本語では同音ですので誤解が生じますが、こう整理すると腑に落ちます。

他人に勝っても時間が経てば、虚しさしか残らず、自らに克てば時間を経ても、爽やかさや心

中文 我不知道怎么赢别人。我只知道怎么赢我自己。

の安定と満足感が得られるとされています。克己心は、自制心を働かせて自らの欲望を抑えることと、不可能だと思っていたことを努力の積み重ねで障壁を乗り越えること、これによって得た経験と自信によって、リーダーたる者はより大きく厳しい次なる目標を達成する為の原動力を得ることができるのです。

「勝つは己の克つより大なるはなし」は古代ギリシャの哲学者プラトンの言葉ですが、プラトンと宗矩の間には、時間で2000年、距離で1万キロ弱と時空の大きな差がありますので、直接的に繋がっていると考えるよりは、哲学的に突き詰めると結論は同じで、両者とも人間の真理に至ったと考えるのが合理的でしょう。その証拠として、『論語』顔淵第十二の一に、

――克己復礼為仁。（己に克ちて、礼に復るを仁と為す）。

「自らの欲望を抑えて礼儀と節度を守ることこそ仁の道である」と孔子も言っています。

宗矩の父である柳生宗厳（石舟斎）は、大和柳生の国人の家に生まれましたが、筒井順慶に敗れて所領を失って浪人します。上野国出身の剣聖と称えられる上泉伊勢守信綱から新陰流の奥義を伝授されて剣豪となり、武将たちの間でも名が知られます。

▲柳生宗矩の墓
（奈良県奈良市・芳徳寺）

文禄3（1594）年に黒田長政の推薦で、徳川家康の前で「無刀取り」を披露したことから、家康が石舟斎を剣術の指南役として召し抱えようとしましたが、石舟斎は66歳の老齢を理由に辞退して息子の宗矩を推挙し、宗矩が200石で家康に出仕します。以後、剣術の指南役として、家康、秀忠、家光と三代の将軍に仕えることになりました。

英文 I do not know the way to beat another person. However, I know the way to overcome myself.

86

厳しいルールを徹底する

二度までは教え申し候、三度目には切り申し候

【細川 忠興 1563～1646】

足利義昭、織田信長＋信忠、豊臣秀吉＋秀頼、徳川家康＋秀忠と戦国から江戸時代にかけての歴代の天下人に仕えた**細川越中守忠興**は、83歳と長生きをしました。

忠興は晩年、永井直清という28歳も年下の青年大名を友とします。三河以来の徳川譜代の家に生まれた直清は、秀忠の小姓から、山城勝龍寺城2万石の大名となった人物です。

勝龍寺城は元々は細川家の城であったことから、直清がその領地経営などの指南を忠興に仰ぐ形で縁ができたのでしょう。忠興にとってこの城は、天正6（1578）年に元服して間もない頃、信長の命によって明智光秀の娘である玉（後のガラシャ）と結婚した思い出深い所でした。同じ16歳の忠興と玉は、雛人形の如く見目麗しいカップルであったそうです。

直清は戦国を生き抜いた名将である忠興を尊敬し、様々なことを学ぼうとしていたのでしょう。細川家という組織にはピーンと張りつめた緊張感があり、きびきびとした立居振る舞いのメンバー、即ち家臣たちを見た直清は羨ましさを感じ、どのようにすればこういった組織をつくれるのか率直に尋ねます。忠興は本項フレーズで**「スリー・ストライク→アウト」**という厳しいルールでやっているとサラッと答えました。

中文 第二次犯错，我会提醒你，但是第三次犯错，我就砍你的头。

ここで切るとは、現代と同じように組織からクビにするという意味だと解釈する説もありますが、若い頃に短気で知られた忠興ならば、文字通り斬り捨てたのではないでしょうか。嫉妬深く短慮であった忠興の若き頃の逸話の一つに、美しい妻が庭を眺めている姿に見惚れている植木職人を見付けるや忠興が、無礼者と直ちにその職人を斬り捨てたことがあり、妻の玉も夫の所業を見て、いつものことかと平然としていたそうです。現代人の感覚からすると、とてつもない人権無視に驚くしかありませんが、戦国時代の荒波を生き抜いた細川家ならではの家風は、このように荒々しかったのでしょう。荒波で連想しましたが、二代将軍秀忠が老中列座の席で、天下のマネジメントの為にどのような人財を登用するべきであろうかと忠興に尋ねます。すると、

――**明石の浦の蛎殻のような者が、優れた人財と申すかと存じます。**

と忠興が答えます。秀忠は「尤も」と納得しますが、老中たちは得心が行かずクビを傾げました。そこで秀忠が次のように解説しました。

▲細川忠興の墓
（熊本県熊本市中央区・泰勝寺跡）

「明石の浦は天下一の荒海で、その浦の蛎殻は荒波にもまれてツルツルとなっている。それと同じように人も苦労し、他人に揉まれたる者こそ、優れた人財になるという意味だ」

忠興は分家筋とはいえ、室町時代からの名門武家である「細川」家名を江戸時代を通じ現代まで残しました。そこには第三者では推し量れない程の苦労と苦悩が、トップとしての忠興にはあったに違いありません。

英文 Up to the second mistake, I explain to my staff member, but I will execute him on the third mistake.

87

力の出し所を失うという不運

輝元の嫡子之あれば、両国の頃をば彼こそに賜るべし。

【毛利 秀元 1579~1650】

「関ヶ原の戦い」が終わるまで120万石を有した西国随一の大大名であった毛利中納言輝元は、名将である毛利元就の孫でありながら、育ちの良さからおっとりした文化人気質で、江戸時代中期の泰平の世に生まれたならば、名君として名を残したはずです。

18歳で中国地方8ヶ国の太守となった輝元は、「毛利の両川」と呼ばれた吉川元春と小早川隆景の二人の叔父に、組織のマネジメントを丸投げしたことからうまく収まります。

輝元にはなかなか後継者に恵まれなかったことから、組織存続の為に隆景は、自分のすぐ下の弟である元清の息子の利発ぶりが元就に似ていることに目を付けます。元春も同意したことから、輝元は26歳の年下の従弟を養子としました。これが**毛利甲斐守秀元**です。

「文禄の役」の際、豊臣秀吉が乗った船が関門海峡で難破し、板切れに掴まって漂流する秀吉を救出したのが秀元です。その見事な采配ぶりに感動した秀吉は、姪（秀長の娘）を与えて秀元を豊臣の一門に加え、更に輝元に命じて長門・周防の2ヶ国を秀元に与えさせます。

また**「慶長の役」**に際しては、秀吉の命令で、病気の輝元に代わって日本軍の総大将に任ぜられ、叔父の隆景のサポートもあり、秀元は大功を挙げます。

中文 如果辉元公有了亲生儿子，应该由他而不是作为养子的我继承两国。

「関ヶ原の戦い」の際、石田三成と安国寺恵瓊（あんこくじえけい）に煽（おだ）てられた輝元が、西軍の総大将に祭り上げられ、秀元に相談なく大坂城へ入城してしまいました。その知らせに仰天した秀元は、

「秀頼公をお守りする為、徳川家康とは義兄弟の盃を交わしたばかりではないですか」

と輝元に翻意を促しますが、既に手遅れであると悟った秀元は覚悟を決めて提言します。

「豊臣家の御恩に報いる為に家康を討伐するならば、石田らと関東を攻めよとお命じになるか、秀頼公と共にご出陣下さい」

しかしながら、輝元は決断しませんでした。それでも秀元はやる気満々で**「関ヶ原」**に臨むものの、家康と通じた従兄の吉川広家に阻止されて、戦場で動くことができませんでした。

戦後に輝元に改易処分が下された際、広家の必死の嘆願で長門と周防の2ヶ国に減封となり、流石（さすが）に恥じた輝元はそのうちの長門は秀元に譲ると申し出ます。既に輝元に嫡子である秀就が誕生した為、毛利氏の後継者の地位を辞退していた秀元は、本項フレーズを述べて領地も要らないと応じました。輝元は長門（下関）6万石を秀元に分与した上で、毛利という組織全体のマネジメントを任せます。

▲毛利秀元の墓
（東京都港区・泉岳寺）

皮肉なことに秀就が成長すると、何かと煩い秀元と不和となりますが、秀元自身は三代将軍家光に気に入られてその側近衆に加えられ、名誉と共に老後を迎えています。

少しばかり生まれて来る時代が遅かったことから、その力量を十分に発揮するチャンスに恵まれなかった秀元の心情は、如何ばかりであったでしょうか。

英文 If a legitimate son were born for Lord Terumoto, not me, the adopted son, then he should inherit the two provinces.

88

トップとメンバーが一体になれるか

存亡は天に任せて、我と士卒と共にすべし。

【水野 勝成　1564〜1651】

坊ちゃん生まれながら型やぶりで、破天荒な一生を送ったものの、長生きをして最後は名君として人生を全うしたのが、**水野日向守勝成**です。明智光秀の謀反以来、光秀の受領名「日向守」は忌み避けられるようになっていたそうですが、勝成は慶長6（1601）年に従五位下に叙任された際、日向守を喜んで望んだことから、それ以降「**鬼日向**」と綽名されました。

勝成は三河刈谷城主の水野忠重の息子で、伯母は徳川家康の母である於大の方です。織田信長に与する父と「**高天神城の戦い**」に従軍し、16歳で首級を挙げて、信長から感状をもらって以来、数々の武功を挙げますが、人生の半ばまでなかなか腰が落ち着かない士でした。

天正12（1584）年に父の忠重の逆鱗に触れて勘当され、浪人となって西国を遍歴します。路銀に困った時は身体の垢を練って丸薬をつくってそれを売って宿代に充てたり、京都ではヤクザ者と一緒に暴れたり、無茶ぶりは半端ではありませんでした。

『**名将言行録**』で勝成は「**倫魁不羈**」と評されるだけあり、あまりにスケールの大きい器の持ち主で、誰も抑えることができませんでした。仙谷秀久、豊臣秀吉、佐々成政、黒田如水、小西行長、加藤清正、立花宗茂、三村親成などの客将となりますが、禄を食みながらも途中で放り投げて失

中文 将存亡托付给上天，我和我的兵将在危机中并肩作战。

蹤することを繰り返します。最終的には慶長4（1599）年に家康の許（もと）に戻って父とも和解し、以後は秀忠、家光と仕え、元和5（1619）年に備後福山城で10万石を与えられます。

勝成は**「関ヶ原の戦い」「大坂の陣」**のみならず、寛永5（1638）年の**「島原の乱」**の際、既に75歳でありながら、その戦歴を家光に買われて6000の将兵を連れて出陣して平定に活躍します。その島原から凱旋帰国する途中、下関で暴風雨に遭って船が沈みそうになります。近習たちは、小船で勝成だけでも脱出させようとしますが、それを船内で聞いた勝成は落ち着いて、

「その必要はない。命を捨てる覚悟のある家臣たちを捨て殺しになどしない」

と断ります。やがて天候も収まり船が無事に福山へ帰りつくと、乗船していた者たちの誰もが勝成の志に感涙したそうです。

長く浪人した経験がある勝成は、日頃から身分の低い武士たちにも遜（へりくだ）って威張ることがなく、家臣たちに次のようによく語り掛けました。

「士（サムライ）に貴賤はない。組織の上下も互いに頼り合うから成り立つ。だからこそ大事の時に、誰もが身を捨てて組織の為に尽くそうとする。君たちはワシを親と思ってくれ。ワシは君たちを子供と思う」

勝成が言う「士（サムライ）」を現代の会社員、公務員、議員、教員、士業に携わる者などに置き換えてみれば、トップとしての心構えの秘訣を知ることができます。

いつ如何なる時であっても、トップとメンバーは一体であるのが、組織マネジメントの基本です。

▲水野勝成の墓
（広島県福山市・賢忠寺）

英文 I leave life and death to destiny, so I prefer surviving a crisis with my staff members to escaping alone as a top leader of the organisation.

89

メリハリのあるマネジメントの体現者

惟、吾生れながら富貴を享け、功の称すべきなし。

【徳川 家光 1604~1651】

江戸幕府三代将軍の**徳川左大臣源朝臣家光**が、実際は名君であったかどうかは意見が分かれるところですが、優れた三代目であったことは、本項フレーズから類推して疑いがありません。

――**神祖は英武を以て禍乱を戡定せられ、父君も亦、屢々軍旅に労せらる。**

つまり、業界を制覇した創業者である祖父・家康の苦労、それを継承して家業を発展させた父・秀忠の苦労があってこそと前置きしてから、自分は生まれながらにして豊かな家に生まれ、何の功績もなしに高い地位にあると本項フレーズで、家光は率直に述べています。そして、

――**故に吾、常に偸安を戒めて以て不虞に備えり、天下要衝の地に至り、人材を選みて、以て之を守らしめば、庶幾くは以て祖宗の徳に報ぜん。**

とも語っています。常に偸安、即ち「目先の安楽」を貪ることのないように気を付け、不測の事態に備え、天下の中心において、優れた人財を抜擢して組織マネジメントをさせれば物事はうまく回り、先祖の恩に報いることができるという訳です。

家康が天下を平定し、秀忠が将来の火種になりそうな親族や外様大名を取り潰して、大組織の地慣らしを行ったのに比較し、家光自身は浪費家で特筆に値すべき施策は何も成し遂げていない

中文 我只是生在富裕之家，我本没有什么功绩。

ことから、暗君説があります。

しかしながら、土井利勝、堀田正盛などの優れた人財に仕事を任せ、自らはどっしりとトップの座に君臨している姿は、「君臨すれども統治せず」と近代英国王室レベルの立憲君主制を17世紀前半に実現していたことになります。そしてこのマネジメント・スタイルは、現在の企業においても、有効であると言えるのではないでしょうか。

そう考えると、家光は現代オーナー経営者の祖型と言っても過言ではありません。その意味で家光をボンボンの三代目と批判することは、明らかに誤りでしょう。

家光は平時にあっても将兵が戦を忘れて日々の鍛錬を怠ることを案じ、常に近習の武士たちに隊列を組ませて戦闘訓練をさせ、息子の家綱に対して、

――武備を廃弛（廃れ弛むこと）するを以て戒めとせり。

つまり「常在戦場」の心掛けで太平の世に当たるようにと家光は、遺言しています。

現代企業の組織マネジメントもまさにこの通りであり、最悪の事態や危機を想定してしっかりリスクマネジメントをするのがトップであり、「想定外でした」という言葉は、口が裂けても言ってはいけないということです。

組織におけるメンバーの登用については

――衆人、皆、之を誉むるは、必ず美士にあらず。

と誰もが褒めるような八方美人な者は、信任しないとも家光は明言しています。

▲徳川家光の霊廟
（栃木県日光市・輪王寺大猷院）

英文 I was only born in the house of wealth and do not have any achievement.

90

筋を通して不遇な立場を受け入れる

末代まで不義不道の者と言われて人に指差されては、偏に人にして畜類には劣りたり。

【宇喜多 秀家　1572〜1655】

備前宰相と呼ばれて岡山57万4000石を領した**宇喜多中納言秀家**は、「関ヶ原の戦い」に参戦したどの大名より長生きし、それも配流先の八丈島で84歳と長寿を全うしました。

母親似で美形の秀家は、前田利家の娘で秀吉の養女となった豪姫を娶って豊臣家の親族となり、27歳にして五大老に抜擢されます。「**朝鮮出兵**」でも父の直家譲りの武勇で総大将として大活躍し、「**関ヶ原の戦い**」でも大奮戦をする名将ぶりを発揮しています。

「**関ヶ原**」の後、伊吹山へ逃れて落ち武者狩りに遭うものの、その威厳で農民を心服させて40日も匿わせて逃れ、更に京都の太秦に潜伏しているところを京都所司代に襲われますが、見事に逃走に成功します。同じ西軍の島津義弘を頼って薩摩に落ち延びますが、慶長8(1603)年になって、義弘の子である島津家久から徳川家康に助命願いと共に引き渡されました。

家久のみならず秀家の妻の兄である前田利長からの助命嘆願もあり、死罪とならずに慶長11(1606)年、八丈島へ二人の息子と共に島流しとなりました。「**八丈島に遠島を申し付ける**」という名奉行・遠山左衛門尉の決め台詞がありますが、八丈島への流人第一号は秀家その人です。

中文 后世别人评价我没有道德，不讲道理的话，我简直不如牲畜。

実は秀家はその10年後の元和2（1616）年に流刑が解かれ、義理の弟にして加賀藩100万石の二代藩主となっていた前田利常から、10万石を分与するとの申し出を受けますが、秀家はこれを断って島に残る道を選んだという話が伝えられています。豊臣秀頼を支える五大老の一人として、トップの地位にあった者としての矜持が、秀家にそう決断をさせたのでしょう。

「関ヶ原」の本戦前、家康に与するのは幼君の豊臣秀頼の為であり、石田三成の謀略に加担せず、今からでもこちらに馳せ参じて欲しいという手紙を親しかった細川忠興からもらいます。家が滅んでしまえば後々後悔するはずとして、

——御分別をお切替えありて然るべく。

と忠興は西軍から東軍への裏切りを誘っています。これに対して秀家は、義兄の前田利長や友人らが家康側に加担したことを次のように非難しました。

——黒白を知れる輩は嘲り悪むべきことなるに、聊かも憚る気色もなく、変節せよと言えるは思い付きなき音信なり。

秀家は旧友に対して激怒し、本項フレーズで**「武士として名を惜しむ矜持を示し、ここで裏切って後ろ指を指されるのは口惜しいことだ」**と返書に記したと二人の息子を前にして明言しています。

▲宇喜多秀家の墓
（東京都八丈島町大賀郷）

その長い不遇な余生を自ら選んだ筋の通った生き様に、秀家の名は永遠に残ることになりました。

八丈島には秀家の墓と、岡山方面を妻の豪姫と共に眺める秀家の座像があります。

英文 If anybody will put me on his back finger as a person of injustice forever, it means that I am inferior to beasts.

91

侍は言うに及ばず、末々まで哀憐を加え、召し使うこと肝要なり。

【真田 信之 1566~1658】

真田伊豆守信之は真田昌幸の嫡男ですが、合戦の際には必ず先陣を切って戦ったそうです。

「親に付き従えば、どんな軍功があってもそれは親の影である。武道においては自らの一身の覚悟によって名を挙げ、家を興したいものだ」

と常に心掛けていたからです。「関ヶ原」の前、父と弟の幸村の二人と袂を分かった信之は、徳川家康に与して、見事に松代藩10万石と新しい真田家を興しています。

ある時、徳川頼宣が組織マネジメントの秘訣について信之に尋ねました。すると信之は、

「頼宣殿と比べて私のところは、5分の1の所帯ですが、もし何事かあれば、明日にも馬の先にて喜んで討死する覚悟の士が200騎ばかりおります」

と組織は数ではなく質であると答えます。

別の機会に信之が述べた本項フレーズから、自分の組織の「ヒトづくり」についての秘訣は、幹部だけでなく末端のメンバーまで心から大切にすることだと説いています。つまり、人格を尊重してこそ組織が動くものであると述べてから、次の二つのことを信之は特に指摘しています。

中文 不仅精英干部重要，最下层的人们也同样重要，要以仁爱之心用人。

- **堅実な者を好んで用いれば、組織全体がそうなる。**
- **常に規則が多いのはよくない。**

またある時、信之が側近たちと出掛けた際に杉菜、つまり土色のツクシが成長して緑色の茎を持つ植物となって道端に生えているのを見て、

「杉菜を食べたことがあるか」と尋ねます。誰も食べたことがないと答えると信之は、

「そうであろう。天下泰平の世だから。ワシは武田勝頼が滅亡した際、道々でこれを食べながら敗走したが、本当に不味かった。このような憂き目を味わうことをさせてはいけないと思ったので、組織のメンバーたちを大切にするよう心掛けるようになった」

とポロリと心中を吐露したことがあるそうです。信之は泥水をすするような苦労と経験の末に、自らの手によって新しい組織をつくり上げたのです。ですので信之は質素倹約に努め、巷ではケチという評判がありました。本人もそれを気にしてか、側近に尋ねました。

「殿がお金持ちだと噂しております」という答えに対して信之は、次のように答えます。

▲真田信之の墓
（長野県長野市松代町・大鋒寺）

「関ヶ原と大坂の両陣で働いた際に気付いたのだが、指図するだけではなかなか士気が上がらなかった。金銀を与えてから指図すれば、戦は上手くいくものだ。実のところは、武士は金銀を大切にしなければいけない」

つまり志や覚悟は大切なことですが、組織のメンバーだからと言っても、見返りがなければ人は動かないという人間の現実的な心理を信之は、しっかりと喝破していたトップであったのです。

英文 It is important to the employee as well as to an executive who is at the end of the organisation to employ an affectionate heart.

92

現地現物に触れておくことの意味

一陣も見ぬ浪人の糊口の為の軍法は、畳の上の水練にて、何の役にも成らず。

【前田 利常 1594~1658】

加賀小松城は元和元（1615）年に「一国一城令」が江戸幕府から出された後に廃城となりましたが、寛永16（1639）年に加賀藩三代目の**前田肥前守利常**の隠居城として再建が特別に許されました。利常は利家56歳の時の子供ながら、父によく似た体格と気概を持ち、後継者に恵まれない長兄の利長の養子となり前田家を継ぎます。妻の弟は、三代将軍家光でした。

ある時、この小松城下で西田覚右衛門という浪人ながらも立派な身なりの士が、軍法について朗々と講義を行い、その内容が面白いという評判が立ち、加賀藩の若者が続々と弟子入りしたことがあります。利常もその西田という浪人の評判を聞くや、幹部たちを召し出します。

「軍法を学ぶ者が増えたそうだが、人は暇があれば悪遊びなどしがちなので、学問に精を出すことは大いに結構だが、弓矢の稽古と比べれば劣るものだ」

利常はそう前置きしてから、本項フレーズを述べました。つまり、「実戦経験の無い者が金を稼ぐ為に説く戦略や方法論など、畳の上で水泳の練習をするようなもので、全く役に立たない」と指摘してから利常は、次の言葉で一刀両断します。

中文 从没上过战场的人为了挣钱讲解兵法，就好像在草席上训练人游泳一样，毫无用处。

――結局、害になるなり。

以降、加賀藩では、経験の無い者の軍法に、耳を傾ける者がいなくなったそうです。

国公私立の一流大学で優秀な成績を収めた学生の就職先と言えば、昭和ならば官庁、金融機関、基幹製造業と決まっていましたが、平成以降は外資系コンサルティング企業がトップに躍り出るようになりました。頭でっかちの秀才にコンサルティング企業で長年培って来た理論や手法を学ばせれば、知識武装が一層増して、経営の達人になった気になるものでしょうか。

しかしながら、どんなに優れた理論や方法論であっても、実業経験や実践活動が伴わなければ、他のケースへの応用などすることができず、所詮は机上の空論でしかないことは言うまでもありません。「理論付け」という言葉がある通り、理論や理屈は後から幾らでも付けることができるもので、マネジメントは実績や実践という経験値の裏打ちがあってこそ、理論化され体系化され、初めて有効となるもので、本末転倒では意味がありません。

▲前田利常の墓
（石川県金沢市野田山・前田家墓所）

実業経験や実践活動といった実務を行ったことがない者が、如何に言語明瞭なプレゼンテーションなどを行っても、本物を知る者からすれば絵空事のフィクションにしか聞こえないものです。いつの時代でも「張り子の虎」のような講釈師が絶えることはありません。

実務を通じて「現地現物」で体感体験することこそが、マネジメントの要諦を知る一番の近道です。リーダーたる者は、利常のように真贋を見分ける判断力を持つことが肝要ではないでしょうか。

英文 A person who has never experienced a real fight on the battlefield is the same as a person who practices swimming on a tatami mat; so he will be of no use at all.

93

国を治める優先順位を間違うな

百姓を苦しめ天守を造る、幾何年を保つを得んや。

【伊達 忠宗　1600~1658】

見事に親の七光りを何倍にも光らせながら、父の偉業を妨げず、且つ貶めずに組織を継承して成功した二代目の典型は、二代将軍の徳川秀忠でしょう。その秀忠から「忠」の字の偏諱を賜った数ある大名の中で、最も優れた「守成の名君」と言えば、**伊達陸奥守忠宗**ではないでしょうか。言わずと知れたあの独眼龍政宗の息子です。

忠宗には、豊臣秀吉の養子という形で人質に出された秀宗という9歳上の異母兄がいましたが、**「大坂の陣」**で政宗が功績を挙げたことから、その兄は伊予宇和島に10万石を与えられて別に家を興して大名となります。正室との間の嫡男であった忠宗は、徳川家康の孫にして池田輝政の娘を正室としていたことから、政宗の後継者に早くから内定していました。

寛永13（1636）年、政宗が亡くなった後を継いで忠宗が、第二代仙台藩主の座に就きます。他の大名は元気な間に隠居して、息子や孫を後見して藩政の行く末を見守るのが一般的でしたが、政宗は死ぬまで権力を手放しませんでした。戦国時代を生き抜いた政宗からすれば、**「関ヶ原の戦い」**の終わった直後に生まれた息子などは、武将としては頼りなく見えていたのかも知れません。

しかしながら忠宗は、36歳と働き盛りの年齢で、満を持して後を継いだことから、父の組織で

中文 建设城市，叫老百姓吃苦的话，从现在开始能维持多久的统治？

の№2格だった幹部を入れ替え、新しい方針を積極的に打ち出して精力的に改革を行うマネジメントで成功し、仙台藩トップとして内外からの高い評価を受けるようになります。

政宗が出羽米沢城から豊臣秀吉の命によって、陸奥岩出山城へ領地替えとなり、慶長年間に地の利のより良い仙台に城と街をつくりましたが、政宗の手掛けた仙台城は戦国時代の気風が未だ残る要塞的な山城でした。忠宗は藩主となるや山城の本丸部分と広瀬川との間の平地に二の丸を造営し、そこを居住と執務の中心と定めました。

ある時、震災に見舞われて天守替わりの三層櫓が倒壊したことから、仙台藩の面子にもかかわるので再建すべしと幹部たちが進言をします。「その通り」と言ってから忠宗は、

――**新に楼櫓を設けば、多少の国財を糜すべし。其の費、天より出るにあらず、悉く百姓より出ず。**

▲伊達忠宗の霊廟（仙台市青葉区・感仙殿）

と前置きして、本項フレーズでその幹部に問い掛けます。更に、秦の咸陽宮、信長の安土城、秀吉の大坂城は堅城であったが、短い期間で全て滅んでしまったではないかと指摘して、

――**一国の主将、予め守城の備を為す者は怯なり、古より城を守り国を興す者は稀なり。**

という先代の政宗の言葉を思い出せと言って、櫓など再建するより民百姓を労わるべきとして、再建案を退けました。財政赤字を懸念しながら無駄な公共工事好きの現代政治家たちに、この忠宗の言葉を是非とも聞かせたいものです。

英文 If you allow yourself to build a new castle while abusing people, for how many years can you govern your province well?

94

義を重んじながら世に生きる

油断大敵、此の一言、二六時中、失念致さるまじき。

【井伊 直孝 1590~1659】

主君である徳川家康の養女を正室に迎えた井伊直政は、その正室との間に長男、妻の侍女との間に次男を同じ年にひと月違いで恵まれますが、正室を恐れて憚った直政は、次男を農家や寺に預けて育てさせます。しかしながら、死期を悟って亡くなる前年の慶長6（1601）年になって、ようやく初めて対面した次男が、彦根藩二代藩主となる**井伊掃部頭直孝**です。

直政が亡くなった後、直孝は徳川秀忠の小姓として仕え、気に入られます。そこで彦根藩を継いだ兄の直勝とは別に、直孝は上野臼井藩1万石の大名に取り立てられます。

「大坂冬・夏の両陣」の際、精強で知られる徳川軍団先鋒の「井伊の赤備え」を率いる器量は直勝には無いと家康が判断し、直勝に代わって直孝が井伊軍団の大将に指名されます。

兄の直勝は病弱を理由に上野安中3万石へ飛ばされ、彦根藩主であったことも抹消された上で、直孝が彦根藩主の座に就きます。直勝は家康の養女の息子でしたが、家康は組織人事において「適材適所」を基に、実力重視でのマネジメントを行っていたことが窺えます。

但し、直孝には家康の〝ご落胤〟の噂も同時代からありますので、もし仮にそうであれば、身内であっても適材を適所に抜擢するという『韓非子』の「内挙」の成功例でしょう。

中文 粗心大意害死人。领袖一天二十四小时之中每一刻都不能忘记这句话。

直孝は「**大坂冬・夏の陣**」への参戦経歴だけでしたが、徳川勢の中では最も多くの犠牲者を出して奮戦し、その時の働きは戦国時代の混戦を潜り抜けて来た大名たちからも一目を置かれる武勇の士として認められます。三代将軍家光からも絶大な信頼を受け、彦根藩は30万石と譜代大名としては最高禄を与えられます。以後、亡くなるまで直孝は幕政で重きをなします。

老齢になった伊達政宗が「**関ヶ原**」の際に家康から百万石を与えるという手紙、所謂「百万石のお墨付き」を持ち出しては、ゴネることがありました。その度に幕府の首脳たちが頭を悩ましていましたが、ある日に直孝は、そのお墨付きを政宗から取り上げるやその面前で、

「泰平の世に差し上げる領地などない。このような無益な難題は意味がない」

と言ってビリビリに破って燃やしてしまい、流石の政宗も引き下がらざるを得なかったという逸話が残されています。直孝は戦場だけでなく、畳の上でも勇敢であったようです。

京都の御所が炎上し、その修復の為の造営総奉行に任じられた永井信濃守尚政（下屋敷のあった所が東京の信濃町）が、奉行としての心構えを教えて欲しいと直孝を訪ねました。直孝が斎戒沐浴してから出直すように告げると、尚政は麻裃の正装で再び参上します。すると本項フレーズで大役を務める時の心掛けを伝授し、その後に尚政をもてなしたそうです。他にも直孝のリーダーたる者としての信条は、次の二つの言葉からも窺えます。

――武士は先ず武の道を忘れず、義理を深く心得るが本意なり。

――義に背けば勝っても勝ちにあらず、義を中れば（貫けば）負けても負けにあらず。

▲井伊直孝の墓
（東京都世田谷区・豪徳寺）

英文 Overconfidence is our greatest enemy, so an effective leader must keep these words in mind at all times.

95

自分を知ることの幸と不幸

我を知らずして、何くんぞ人を知るをえんや。

【徳川 頼宣　1602~1671】

徳川家康は「**関ヶ原の戦い**」の翌年から3年続けて、若い側室たちに3人の息子を生ませています。家康は還暦前後でしたが、漢方の調合が趣味であったそうですから、自前の凄い精力剤をつくって試していたのでしょう。

成人した義直、頼宣、頼房の3人の息子は、将軍家の藩屏となるべく、尾張、紀伊、水戸の地で大きな石高を与えられた「御三家」の祖となったことはよく知られています。物心ついた時、既に父である家康は江戸幕府の創設者、大御所として日本のトップの地位にありましたので、この3人は恵まれた環境で成長し、武士としての気概も溢れたのは当然です。

「余は生まれながらの将軍なり」と豪語した三代将軍の家光は、この三兄弟の末弟の頼房より1歳だけ若かったこともあり、義直と頼宣は甥の家光に対してライバル心を持ち続け、いつでも将軍として天下を担う野心を持ち、それを敢えて隠すこともなかったそうです。

「**大坂冬の陣**」が初陣となった後の**紀伊大納言頼宣**は、得意の槍や刀で戦場を駆け巡ることが許されず、無念の涙を流します。次の機会にと慰める老臣に対して「**自分の14歳が再びあるのか**」と訴えて、家康から褒め称えられました。現代に置き換えれば中学生ですから、子供がこのくらい

中文 在了解自己之前，怎么能了解别人呢？

の気概を持ってくれれば、家康でなくとも親としては嬉しいはずです。

紀州55万石の大大名として頼宣は、その豪胆な性格から「南海龍」と呼ばれて幕府から一目を置かれました。その一端が窺える逸話が二つ残されています。

正保３（１６４６）年、平戸の日本武士の娘を母に持つ、明の遺臣の鄭成功が日本へ援軍を求めて来ました。中国大陸では満州族が明を滅ぼして清を建国し、南方で明の小勢力が抵抗を続けており、倭寇や豊臣秀吉の「**朝鮮出兵**」の際の精強な日本兵のことを思い出しての要請でした。頼宣はこれに飛びつき、溢れていた浪人、つまり失業者対策にもなるとして、自らが総大将となって10万の浪人と西国大名を率いて大陸へ渡る出陣準備もしています。

また慶安４（１６５１）年に、不平不満の浪人たちがクーデターを企てた「由井正雪の乱」が起きた時には、頼宣の花押がある書状が多数押収されて、謀反の嫌疑をかけられますが、

「浪人たちに利用されたのが、外様大名などでなく、御三家のワシの名前でよかったのぉ」

と惚けた対応で頼宣は、豪胆にも幕閣を煙に巻いています。家光が死去してから9年間、頼宣は和歌山への帰国が許されず、江戸の藩邸に留め置かれました。さすがの龍も檻に軟禁されて窮屈となり、溢れる気概も枯れて達観してしまったのか、

――**人は死を知るを以て達人と為せり。耳順を超て事を謀る者は、我を知らざる者なり。**

と前置きしてから、本項フレーズを述べています。頼宣も他人の言葉に耳が順うようになった60歳を超えてから、自分自身を知ることや悟ることが多くあったのでしょうか。

▲徳川頼宣の墓
（和歌山県海南市・長保寺）

英文 How is that I can know another person before I know myself?

苦労人ならではの冷静な自己認識

96

その方が申す如く、如何にも阿呆になりたるなり。今日より阿呆にならぬ様に心得るべし。

【松平 正之 1611〜1673】

江戸時代を通じて名君No.1を決める選挙があれば、保科肥後守正之が間違いなくトップになるはずです。徳川秀忠の唯一人の庶子、所謂「ご落胤」で、兄の将軍家光から寵愛されながらも、将軍の弟などとは噫にも出さず、分を弁えた態度を生涯にわたって崩しませんでした。

大政参与として甥の四代将軍家綱を盛り立て、幕府の「武断政治」から「文治政治」への転換に貢献します。税制改革と減税、殉死（主人が死ぬと側近も切腹する）の禁止など時代をつくる優れた政策を主導し、特に「末期養子」制度は社会の安定をもたらしました。後継者を定めないまま大名が急死すると、これ幸いと幕府は容赦なく取り潰していましたが、この急激な社会改革は勤務先を無くした浪人、即ち失業者を巷に溢れさせ、治安の悪化の原因でした。正之は事前に後継者を届けていない場合でも、その親族に相続を認めるように改めました。

正之は子供の頃から、滅ぶ組織の悲哀や苦労について、身近に感じる環境に育っています。

秀忠の正室であるお江与の方は嫉妬深く、その干渉を逃れる為、幼い正之を預かったのは、徳川家に庇護を受けていた見性院（武田信玄の次女で、穴山信君の未亡人）であり、その亡き後に

中文 如你说的我简直要成了一个糊涂虫了，从今天开始我要凡事用心，不要变成一个糊涂虫。

はその妹で、同じく家康の庇護を八王子で受けていた信松尼が後見人となります。正之は読書好きで勉強熱心でしたので、武田信玄の華々しい歴史と共に、その家、即ち組織が滅亡することの悲哀を骨の髄まで感じる機会もあり、これが正之の後の政策に活かされたのでしょう。

武田の旧臣の中から見性院によって指名された保科正光の養子となり、21歳で信濃高遠3万石を継承した正之は、26歳で出羽山形20万石となり、33歳で会津23万石を与えられます。御三家に次ぐ家格と「松平」の姓も与えられましたが、正之は養父の恩を忘れず、60歳で隠居した後も、生前に「松平」姓を名乗ることはありませんでした。

ある時、正之が小櫃素伯という側近の儒学者に、何を幸せと感じているのかと尋ねます。

「二つありますが、一つ目は貧乏であること。貧乏に生まれたので、驕りを知りません。もし金持ちに生まれていたら、驕って礼節を失っていたでしょう。それともう一つは」

と言ってから口籠りました。正之が何だと再三尋ねると、小櫃は次のように答えます。

「大名に生まれなかったことです。大名の多くは阿呆です。賢く生まれても周りの者がチヤホヤして、良いことばかり耳に入れて阿呆にしてしまいます。普通の家に生まれた自分は、師や仲間が欠点を指摘してくれますし、アドバイスもしてくれます」

▲保科正之の墓
（福島県猪苗代市・土津神社）

この答えを聞いた正之は思わず膝を打って本項フレーズを述べて、直ぐに自分の息子に申し聞かせました。

現代の政治家や経営者で、世襲によって権力を持つ者はどんなに賢くても、阿呆になってしまっていることを忘れてはならないという自戒を促すかのような痛快な逸話です。

英文 Indeed, I am stupid as you say. From today I would like to keep it in mind to not become stupid.

97

温厚さに隠された強烈な自負

此の忠秋を戦場へ出してみやれ。

【阿部 忠秋 1602~1675】

泰平の世になって、古き良き尚武の時代を懐かしんで止まない不満一杯の三河以来の譜代の老武士である大久保彦左衛門（81項）が、三代将軍家光の小姓上がりで**「細川頼之（室町幕府三代将軍足利義満の右腕）以来の名執権」**と称される老中となった**阿部豊後守忠秋**に対して、ある時に、

「豊後守殿は、畳の上にて大名に成り上がられましたな」

と嫌味を言いました。温厚で物腰の柔らかい忠秋は、彦左衛門に向かって落ち着いた態度で、

「ご尤もです。確かに泰平の世において、武功など挙げておりません。しかしながら、彦左衛門殿は、昔にあちらこちらで戦に出られたそうですが、今でも確か3000石でしたか」

と切り返して、本項フレーズで明快に答えました。つまり**「戦場に出るチャンスがあれば、大名として頂戴している8万石分の活躍など、いつでもお見せ致しましょう」**と堂々と臆せずに言い放ったのです。流石の彦左衛門も恐れ入って、「これは失礼致した」と苦笑いしながら詫びたそうです。忠秋の父も彦左衛門と同じく三河以来の譜代で、6000石の旗本でした。母方の祖父の大須賀康高は、「徳川二十将」の一人である譜代の忠臣です。

子供の頃に父に連れられて、本多正信の家に挨拶に行った際、正信は忠秋を見て、

中文 不然你就叫我上战场，叫你看看我到底有多厉害。

――梟が鷹を生むとは、誠にこの事なり。

と褒めて秀忠に推挙しました。「鳶」でなく「梟」なのは、忠秋の父親の顔からの連想でしょうか。同じ老中の「知恵伊豆」こと松平伊豆守信綱と違って忠秋は、シャープさに欠けていると見なされていて、信綱との相性も良くなかったそうです。しかしながら、家光が亡くなると幼い四代将軍家綱を盛り立てようと申し出て、「私」を捨てて「公」の為に力を合わせたそうです。

その信綱は酒に弱かったそうですが、忠秋はなかなかの酒豪でした。ある時に信綱が、

「酒にお強い方は酒を飲めば勇ましい顔付になり申すが、飲まない時は気力がないように見え、如何にも阿呆面に見えますな」と皮肉を言うと、

「仰る通りです。確かに酒好きが酒を飲まない時の顔色は阿呆に見えますが、某には酒に弱い者の顔色と同じに見えまする」

と忠秋が切り返すと、「知恵伊豆」も返す言葉がなかったという逸話があります。

良い鶉を飼育するのが流行した時、忠秋も鶉籠を座敷に置いて育てていたそうです。忠秋が江戸の街中で非常に良い鶉が売られているのを見掛けたものの、あまりの値段に断念したところ、

▲細川頼之の墓
（京都市西京区・地蔵院）
（忠秋の墓は日光大猷院・家光の廟所内にある）

間もなく忠秋の侍医を通じてある大名から、その鶉が贈られて来ました。忠秋は、

「宰相の地位に上ると、個人的な好みまですぐに世の中に知られてしまうのか」

と言って、家で飼っている他の全ての鶉を籠から放してしまったそうです。

英文 Please send me to the battlefield. I will show you my achievement at any time.

98

寛容な心でメンバーの意見を聞き入れる

彼一言にて、諫めを防がんには、桀紂の主となるべかりしに、危きことの至極なり。

【池田 光政 1609~1682】

池田輝政の長男である利隆は、徳川四天王の榊原康政の娘で二代将軍秀忠の養女となった鶴姫を正室に迎え、その間に生まれたのが**池田左近衛権少将光政**です。光政は通称が新太郎であったことから、任官された後は「新太郎少将」と呼ばれるようになりました。「備前守」などの受領名を名乗らずに、終生にわたってこの通称を好んだそうです。因みに光政の正室は、秀忠の娘である千姫と、本多忠勝の孫の忠刻の間に生まれた勝姫です。

名君伝説が数多く残されている光政は、実際のところ子供の頃から極めて利発で、勉強熱心であり、特に漢籍、即ち中国古典に対する知識はズバ抜けていたと言われています。

光政が14歳の時、明け方まで眠れないことがあり、案じた近習が尋ねると、

「大したことはない。大国を治める方法が分からない。どうやってマネジメントしたら良いか分からないので、とにかく学問をして知識を得る他ないと気付いた」

それからは落ち着いて眠れるようになったと答えたそうです。その心掛けを死ぬまで、光政は忘れることはありませんでした。ある寒い夜、光政がミカンを食べていたのを見た侍医が、

中文 我的一句话可以叫干部们都不敢直言的话，我就是桀紂那样的暴君了。

「夜中に身体を冷やす物を召し上がるのは、よろしくありません」

と指摘すると光政は、直ちに食べるのを止めました。その後に自室へ戻ると、

——**偖々、浮雲きことの。**

という光政の独り言を聞いた侍女が、「如何なされましたか」と尋ねます。すると光政は、

「自分だってそんなことくらいよく分かっていると言い掛けたが、思い留まった。その言葉を口に出してしまったら、これから誰がワシに過ちを指摘してくれるであろうか」

と言って本項フレーズを述べました。知らないふりをするというのは、ある程度の年齢になるまでは、実はかなりの苦痛が伴います。トップの地位にある者は、意識して知らないふりをしなければ、組織のメンバーたちからの提言や献策を得ることができなくなってしまうものです。

博識のトップであれば、下らないことを許容する忍耐が必要ですし、無学のトップであれば、面倒なことを最後まで聞く忍耐が必要です。いずれも辛抱が肝心という訳です。

古代中国の夏の桀王と殷の紂王は、様々な漢籍の中で悪のトップの代名詞として、「**桀紂**」と二人合わせて頻繁に出て来ます。実はこの二人の王は、初めの頃は諫言にも耳を貸す優秀なトップでしたが、段々と緊張感が緩んで傲慢になり、忠言を全く聞かなくなり、遂には暴君となり国を滅ぼしました。

▲池田光政の墓
（岡山県備前市吉永町・和意谷池田家墓所）

「**桀紂**」とは真逆の聖天子の代名詞は「**堯舜**」で、人格優れた帝堯と帝舜は理想のトップとされていました。「優れた人物の真似をするならば、その行為が偽であってもご利益はある」という比喩で、光政は「**堯舜**」の名も挙げています。

英文 If my word would exclude admonitions from my staff members, I would become like King Jie and King Zhou of ancient China.

99

生立ちより、律義者と沙汰するに愚かなる者多し、又若き時、放蕩不羈なる者の能き者と成りしこと多し。

【徳川 光圀 1628~1701】

身分を隠して諸国を漫遊し、悪代官の横暴を諫め、民百姓を扶ける庶民の味方である「水戸黄門」のモデルとしてお馴染みの**水戸中納言光圀**は、江戸時代から名君で知られていました。光圀はお忍び姿で、日光や鎌倉、熱海あたりまで、実際に行ったことがあるそうです。

晩年の光圀は学者肌で身を律した名君そのものでしたが、ティーンエージャーの頃の光圀は今でいう美形の我儘な若様で、水戸徳川家の世継ぎにもかかわらず、吉原の遊郭通いをし、市中で自ら刀を振り回して暴れたり、夜に辻斬りをしたりと半端ないワルでした。

傅役がそのヤンチャぶりに頭を悩まし、将来を案じていましたが、18歳の時、司馬遷の『史記』にある「伯夷伝」に感銘を受けた光圀は、自らに気付いて行いを改めます。

伯夷は古代中国にあった孤竹国の王の長男でしたが、父親が溺愛する三男の叔斉に王位を譲ると遺言したことから、弟に王位を譲るべく伯夷は他国へ逃れました。その叔斉も兄を差し置いて王位に就くことはできないとして、兄を追って国を捨てます。仕方なく人々は次男を王にしますが、後に伯夷と叔斉は聖人として大いに尊敬を受けたという逸話です。

中文 生来认真的孩子长大成人后，长大后常常变得愚蠢。

実は光圀には、同母兄の頼重がいました。母が兄を出産した時、母は未だ父である頼房（家康の十一男）の正式な側室ではなかった為、頼重は家臣の家で生まれ育ち、光圀が兄よりも先に将軍家光にお目見えしてしまったことから、後継者になったという経緯がありました。

「伯夷伝」に感化された光圀は、嫡男であるべきはずの兄の子である綱條を自らの養子として水戸家を継がせ、自分の長男の頼常を兄の養子に出して、分家の讃岐松平家を継がせています。

光圀は「副将軍」として幕府において大きな政治的発言権を有し、水戸藩においてもマネジメント力を発揮して優れたトップと評されます。明から亡命してきた儒学者の朱舜水を師と仰いで、儒教に基づいた「尊王」精神を水戸藩の主軸とし、また『史記』にならって紀伝体による「大日本史」の編纂事業を始めました。これは「水戸学」という政治思想を生み、吉田松陰や西郷隆盛といった幕末維新の志士に多大な影響を与えました。

若い頃にヤンチャで型破りな人間は、大人になれば落ち着くものです。本項フレーズにある通り、品行方正のガリ勉タイプが出世すると、破廉恥なスキャンダルを引き起こすこともあります。

▲徳川光圀の廟
（茨城県常陸太田市・久昌寺）

晩節を汚さない為に、若いうちにしっかり遊ぶこと、また遊べる環境を子供や後輩に用意することもリーダーたる者の後継者育成のノウハウです。光圀の父の頼房も若い頃はかなりの異端児だったそうですので、「カエルの子はカエル」という訳です。

因みに中納言の唐名が「黄門侍郎」であったことから、水戸家の当主は「水戸黄門」と称され、初代頼房から幕末まで7人の黄門様が存在しました。

英文 Even if the child is so serious by nature, he will simply become a trivial person.

100

士の守る所は、ただ義なり、士にして義なくんば、士と謂うべからず。

【大石 良雄 1659～1703】

元禄14（1701）年3月14日に江戸城の松之大廊下で、赤穂藩主・浅野内匠頭長矩が過去に受けた恥辱にキレて、吉良上野介義央への刃傷沙汰に端を発する「赤穂事件」は、『**忠臣蔵**』として江戸庶民の間で歌舞伎や浄瑠璃の人気の演目となり、今日でもテレビドラマや映画として取り上げられている歴史物語として、誉ある日本武士の伝説となっています。

東山天皇からの使者を迎える儀式の前に起きた事件は、激怒した将軍綱吉が武士の「喧嘩両成敗」の不文律にかかわらず、浅野長矩に即日切腹を命じて赤穂藩の改易を決める一方で、吉良には一切の咎め無しと裁定したことで火種をつくります。

主君が切腹となった事件を知った赤穂藩では、3月27日に全藩士300名の登城命令が下り、3日に及んで幕府に恭順するか、処罰に不満として徹底抗戦するか議論がなされます。そこで筆頭副社長ともいうべき城代家老の**大石内蔵助良雄**は、次のように啖呵を切ります。

「自分が切腹して、殿の弟君の長広様に相続が許されるように幕府に願い出る。それが聞き届けられない時は、城を枕に討死にしよう」

中文 明明是为了正义，武士怎么能怕死？

「財務担当副社長」である大野知房は恭順派で、内蔵助に反対します。すると内蔵助は本項フレーズを述べ、仇の吉良を討たずして主君の名誉回復という大義が果たせないと言明し、**「日本中の人々は『赤穂に人無し』と笑うであろう」**と断言します。

しかしながら、江戸の長広から開城命令が来ると、内蔵助は藩の債務処理を速やかに行って赤穂城を明け渡します。その手際の見事さに、21歳で世襲によって筆頭家老となり、「昼行燈」と役立たずの意味の綽名で呼ばれていた内蔵助が、極めて有能であることに人々は驚いたそうです。

結局、多くの藩士は再就職活動に身を転じ、吉良への復讐を決意して内蔵助に従う者は、50人ばかりしか残りませんでした。浪人となった旧赤穂藩士たちの決起が警戒される中、大石は隠棲した京都郊外（現・岩屋寺）を拠点に酒、女、博打にうつつを抜かして幕府の目を欺いて用意周到に準備を行い、翌年12月14日に46人を率いて吉良邸を襲撃して、見事に主君の仇を取り、高輪泉岳寺にある内匠頭の墓前に吉良の首級を捧げて名を挙げました。

内蔵助のリーダーたる者としての凄さは、組織の一大事の危機に際して、秘めた底力を発揮し、率先して行動すると同時に的確な指示を出し、眼前の課題を着実に淡々と処理している実務能力です。次に、倒産して失業した者たちをまとめ、様々な思惑のある同志たちの意見を汲み、困難なビジョンを達成する為に綿密な計画を練って、それを沈着冷静に完璧に実現させた目的遂行能力にあります。

▲大石内蔵助の墓
（東京都港区・泉岳寺）

忠義を貫いた家臣「内蔵助」こそ、最後の日本武士の鑑ではないでしょうか。

英文 Though there is justice on my side, what would happen if the leader was afraid of dying?

コラム⑳ 名将と銅像

偉人たちの銅像は世界中にあるが、その歴史は古来エジプトのファラオ像にまで遡るそうだ。4000年以上も前から、恐らく人類が集団生活を行うようになって間もない頃から、優れたリーダーの偉業を讃え、顕彰する目的でその姿を偲んでつくられ始めたのであろう。

個人崇拝を強制する為に、世界各国の独裁者たちがつくらせた像も未だに多くあるが、単に芸術性を追求した作品、観光目的でつくられた像、企業経営者や政治家、地域の偉人の像などが、現代にも数限りなくある。

日本各地に設置されている銅像の多くも地域の偉人たちで、とりわけ武将たちの銅像は、観光資源として地域振興に大いに役立っているらしい。

生前の顔や姿がどれくらい似ているかは皆目想像がつかないが、勇壮な雰囲気を醸し出す銅像の迫力を目にするや、大勢の人々がカメラや携帯を嬉々として向けている。やはりビジュアル効果は鮮烈で、人々の興味を引く。キャラクター好きの国民性に、地域における武将たちの銅像は、まさにピッタリであり、決してその価値を否定したり、一笑に付したりしてはいけないと感じる。

日本で西洋式の銅像がつくられたのは、明治13（1880）年の兼六園（石川県金沢市）にある日本武尊（やまとたけるのみこと）。それから明治の国家や社会、戦争に貢献した人々の銅像が各地に競って建てられたが、第二次世界大戦中の「金属類回収令」で、多くの銅像が取り壊されてしまった。

しかしながら、昭和の高度成長期の時代に入ってから、地域振興や町興しの目玉事業として、コラム16で取り上げたように復興天守閣の建築ブームと共に、同じくご当地自慢のシンボルとして、武将たちの銅像設置もブームとなった。

2020年に米国や欧州において、それまで歴史上で高い評価と共に崇敬されてきた偉人たちの像が撤去されるニュースが流れた。自国の歴史悲劇を政治利用して、諸外国へ銅像を建てることに奔走する隣国の話以上にウンザリするが、もっと気楽に身近に歴史を感じ、先祖たちの偉業に感謝と尊敬と共に、思いを馳せることができる日本は、感心せざるを得ない。
意外にも精神的な余裕がある人が多くいるのだと

▲日本最古の銅像・日本武尊の像
（石川県金沢市・兼六園内）

▲三好長慶
（大阪府堺市・南宗寺）

▲太田道灌
（神奈川県伊勢原市役所前）

▲上杉謙信
（山形県米沢市・米沢城跡）

▲武田信玄
（山梨県山梨市・甲府駅前）

▲山中鹿介
（島根県安来市・月山富田城跡）

▲豊臣秀吉
（大阪市・豊国神社）

▲明智光秀
（京都府福知山市・福知山城跡）

▲竹中重治
（岐阜県垂井駅前）

▲前田利家
（石川県金沢市・金沢城跡）

▲長曾我部元親
（高知県高知市・若宮八幡宮）

▲武田勝頼
（山梨県甲斐大和駅前）

▲井伊直政
（滋賀県彦根駅前）

▲石田三成
（滋賀県長浜市・石田会館）

▲小早川隆景
（広島県三原市・三原駅前）

▲真田幸村
（長野県上田市・上田駅前）

▲加藤清正
（熊本県熊本市・本妙寺公園）

▲堀尾吉晴
（島根県松江市・松江城下）

▲藤堂高虎
（愛媛県今治市・今治城吹揚公園）

▲加藤嘉明
（愛媛県松山市・松山城下）

▲上杉景勝と直江兼続
（山形県米沢市・上杉神社）

▲伊達政宗
（仙台市青葉区・青葉城跡）

▲蜂須賀家政
（徳島県徳島市・徳島中央公園）

▲徳川家康
（静岡市・静岡城跡）

▲土井利勝
（茨城県古河市・正定寺）

▲細川忠興夫妻
（京都府長岡京市・勝龍寺城公園）

▲宇喜多秀家夫妻
（東京都八丈島）

▲大石内蔵助
（東京都港区・泉岳寺）

おわりに

日本史上において、100年にわたって勢力拡大を狙う武将たちが、領土を奪い合う為に合戦を繰り返した戦国時代には、魅力溢れるトップが次々と登場し、彼らが残した言動や逸話には、現代を生きる人間にとっても、大いに役立つ教訓が多く残されています。そこに注目し、微力ながら筆者なりのルーペを用いクロースアップしてみようと試みたのが本書です。

名前の表記や年齢などは、『**名将言行録**』に記されていることを優先しました。武将の諱、漢字の読み仮名や送り仮名についても、そのまま『**名将言行録**』の表記に従っています。明らかに史実と違うとか、『**名将言行録**』一次資料に依拠していない本であるという批判も承知の上で、あくまでも本書は一部の例外を除いて、『**名将言行録**』を基準としていることをご了承願います。

戦国武将ファンや戦国時代に詳しい方たちが、世の中には大勢いらっしゃいますので、本書の細部において、誤りを発見されることがあるやも知れません。それは全て浅学なる筆者の不勉強の致すところでありますので、平にご容赦願います。

『**名将言行録**』には192名の名将の言行が収録されていますが、本書で取り上げたのは93名です。全員の言葉を紹介したい思いでしたが、私自身で解釈でき、現代にも応用できると判断したものをピックアップした次第です。人それぞれの嗜好がありますので、人によってはもっと良い人選やもっと良い名言があるのではないかとのご意見もおありでしょうが、ここで選ばれていない名将や名言に、価値がないという訳ではなく、あくまでも筆者の非力さ故に、掲載できなかっただけであることをお断り申し上げておきます。

尚、戦国武将たちが尊敬した漢籍の中華文明に敬意を表して、中国語訳も付けると共に、世界の人々が日本の名将の名言に感動するやも知れないことを願って、英語訳も添えています。

またこの『**名将言行録**』に収録されていない朝倉孝景、島津貴久、浅井長政、斎藤利三、最上義光、南部信直、武田勝頼、北条氏政、豊臣秀次、平塚為広、織田秀信、毛利輝元、前田利長、明石全登、毛利勝永などの多くの名将たちにも、現代人の心を打つ名言が多数あったはずです。そして歴史に名が残ることのなかった多くの武士たちにも、心に残る素晴らしき言葉が数えきれない程にあったことを思えば、万感の思いに浸らざるを得ません。それらを全て知ることができないのは残念ですが、だからこそ『**名将言行録**』に記載されている言葉には、歴史の流れに耐え抜いた重みと価値があるのではないでしょうか。

戦国武将たちを組織のトップ、リーダーと捉えた時、現代社会における政界、財界、法曹界、教育界、スポーツ界、芸能界など多くの分野において、日本全国で名だたる方々が多数、重層的にいらっしゃり、それぞれに属する世界での解釈というものがあるはずです。ですので、本書の例がしっくりこない場合もあるかも知れませんが、筆者の半世紀以上生きてきた分野、範囲での解釈でありますので、これまたご容赦下さい。

日本に人財がいないという言葉を耳にして久しいですが、『**名将言行録**』を紐解けば、かくも多士済々の優れた人物が日本の激動期にはおり、その言行が残っていることを思えば、人財は単に埋もれているだけで、そのＤＮＡは私たち日本人の中に深く確実に伝わっているはずです。そして、こうした優れた先人たちの豊富な言行は、まさに私たち日本人の財産ではないでしょうか。
日本武士の心、日本人ならではのリーダーシップを語る時、新渡戸稲造（にとべいなぞう）の世界的な名著である『BUSHIDO』と並んで**『名将言行録』**は、日本民族にとっての二大バイブルの一つではないかと言っても過言ではないでしょう。現代の日本人が改めて謙虚に、祖先たちの先例から学ぶことは限りなく多くあるに違いありません。

『名将言行録』に筆者が出会ってから40年以上たちますが、今回改めて読み進めながら、著者の岡谷繁実（おかのやしげざね）（１８３５～１９２０）が上野館林藩士ということもあり、群馬県人とばかりこれまで思い込んでいましたが、繁実が仕える秋元藩が山形から館林へ転封されたということを知り、岡谷繁実が山形城内で生まれたことを知りました。戦国時代の梟雄の一人として知られた山形の最上義光が敢えて除外されているのも、このあたりに理由があるのかと想像しました。筆者の祖父は山形県人でしたので、浅からぬご縁を感じている次第です。

安政元（１８５５）年、館林藩の江戸詰めの使番であった繁実は当時20歳で、同僚と共に再訪したアメリカのペリー提督が率いる大艦隊、よく訓練された兵士たちのきびきびした出で立ち、そして何よりも傲岸不遜にして慇懃無礼な態度で堂々と幕府に対する米国使節団の姿を目の当たりにして、衝撃を受けて「日本人の精神的指針」を示す必要性を痛感したことが、繁実が**『名将言行録』**を執筆した動機だそうです。

参考にした書物は１３００以上を数え、16年の歳月をかけて明治２（１８６９）年に完成し、明治９年になって出版されました。以来、政財界のトップたちから在野の多くの人々によって読み継がれ、明治42（１９０９）年の増刷版に際しては、長年にわたって愛読していた大隈重信（おおくましげのぶ）が序文を寄せている程です。
第二次世界大戦後は、武士的なものが否定されたこともあり、『**名将言行録**』の人気に陰りが見えましたが、日本の高度成長期に入ると再び日の目を見るようになり、今日ではテレビドラマや小説が武将を描く時、なくてはならない程の不動の地位を得た書物になっています。

本書に掲載している名将たちですが、その没年順に並べて記述を致しました。従って、1432年に暗殺された太田道灌を第1項として始め、1703年に切腹した大石内蔵助が最終の第100項となっています。没年順に拘りましたのは、中国の史書である『晋書』劉毅伝(りゅうき)にある、

——**棺蓋事定**(**棺**(かん)**を蓋**(おお)**いて、事**(こと)**、定**(さだ)**まる**)。

という言葉、即ち人間の真価は死んで棺桶に入ってから決まるという故事成語に因ん

▲岡谷繁実の墓(埼玉県深谷市・清心寺)

▲『名将言行録』

で、「死に様」を理解すれば「生き様」を知ることができるということを念頭に置いたからです。

本項とコラムで取り上げた名将たちの「死に様」に思いを巡らす時、現代までに残されたその墓や供養塔が些かの縁となるであることから、その写真も掲載しています、既に本来の場所から墓や供養塔が移設されてしまったとしても、また仮に伝承であったとしても、その墓が子孫や地元の人々の手によって現在でも守られているということは、本当に凄いことではないでしょうか。

一個人である自分自身を思えば、10年もたたないうちに忘れ去られてしまうでしょうし、名は勿論のこと、その墓すら残ることもないでしょう。それを思えば、改めて名将たちの偉大さへの尊敬の念とその人生についての感慨が深くなります。以前からコツコツと墓参りをして来た写真が、ここに掲載できることを大変に嬉しくも思っております。

名将の墓や供養塔の前に立つと、その波乱に満ちた人生の軌跡が、当時の状況や情勢と共に、身体に入り込むような感覚と共に、墓前からその時代へワープするような錯覚を覚えます。名将の「生き様」と足跡に触れることで、その熱き思いが伝わってくるかのようです。

本書の稚拙な文章でありますが、名将の霊ともいうべき念のようなものが降りて来て、筆者を通じて各フレーズが抽出され、単語を組み合わせて文となったかのような気も覚えることがしばしばありました。残念なことに「イタコ」のような霊能者でない為、名将が本当に言わんとすることを正確に書き起こすことができないのは、私の能力の限界に起因する以外の何物でもなく、名将たちだけでなく本書を手に取って下さった方々へお詫び申し上げる次第です。

さて筆者が歴史に興味を持ったのは、小学４年生の時に買った『**学習漫画・日本の歴史**』第４

躍すらできないことも、『**名将言行録**』を通じて痛感させられています。

から、名将とは程遠い器量の現実に落胆すると共に、仮に戦国時代に生まれても雑兵としての活ば、「戦国武将」を通じて大人の世界に憧れていたのかも知れませんが、実際に自分が成人して人物往来社）を手にし、魅力ある武将の様々な逸話に引き込まれてしまいました。今にして思えて、全く本を開かずにコミックマンガしか読まない少年でしたが、『**戦国時代ものしり事典**』（新他の巻を読破し、中でも戦国時代の武将の数々の逸話に胸を躍らせました。これをきっかけにし巻（集英社）を手にしてからです。鎌倉時代の源平合戦で活躍する源義経の話に興奮し、次々と

私事ながら、後世の日本にモノづくりの経営思想と優れた製造業を残すことを使命とした「ノアの方舟」集団であるＮＰＳ研究会の運営に従事しておりますが、ＮＰＳ研究会の会員各社を率いる優れた経営者や経営幹部たちは、まさに現代の「戦国武将」です。筆者の仕事の上での楽しみは、日本中の優れた経営者たちや優れた人財と対話しながら、どの名将に似ているかと想像することです。そういった中、実業に身を置きながら本書を著せる喜びに、多くの関係する各位へ厚く御礼を申し上げます。

出版事情が極めて厳しい現状が続く中、引き続きご快諾下さった東洋経済新報社の寺田浩氏、井坂康志氏の寛大なるご配慮があっての出版に対し、改めて深謝を申し上げると共に、多くの編集とデザインなどにかかわって下さった方々のお陰と厚く御礼を申し上げます。中でも墓や供養塔の写真撮影に多大なるご協力を下さった長谷川幸絵氏には、特段の感謝を申し上げます。

日本を旅して回りながら常に思うことは、美しい田園風景と山々からなる国土と隠やかな人情

です。鉄道・バス・タクシーの乗務員と語らえば、真面目で誠実な人々即ち〝サムライの魂〟を秘めた人々によって、日本の交通インフラが支えられていることに、感動と感謝を覚えずにはいられません。

最後になりましたが、兄事している文筆家の石山順也氏が、巻頭の「はじめに」をご寄稿下さり、大変に嬉しく心より厚く御礼を申し上げます。今後とも『名将言行録』を何度なく読み返して学びながら、精進致して参りたく存じます。

令和3年2月

川﨑　享

参考文献

現代語訳 名将言行録 軍師編	加来耕三	新人物往来社	1993年
戦国武将ものしり事典	小和田哲男	新人物往来社	1976年
戦国武将名言集	桑田忠親	廣済堂出版	1983年
童門冬二の名将言行録	童門冬二	日本実業出版社	1999年
名将言行録　全四巻	岡谷繁実	文成社	1910年
名将言行録	江崎俊平訳編	社会思想社	1968年
名将言行録　全三巻	北小路健・中澤惠子訳	ニュートンプレイス	1980年
名将言行録 乱世を生き抜く知恵	谷沢永一・渡部昇一	PHP研究所	2002年
名将言行録を読む	渡部昇一	致知出版社	2011年
武将の一言	風巻絃一	日本文芸社	1973年

【著者紹介】
川﨑享（かわさき　あつし）
1965年4月、東京都渋谷区生まれ。慶應義塾大学経済学部卒業。ミシガン州立大学大学院史学修士課程修了（中国研究・国際政治）。電機メーカー及びコンサルティング会社役員を経て、2013年5月より日本製造業一業種一社による業際集団「NPS研究会」の運営母体・㈱エム・アイ・ピー代表取締役社長。
著書（共・編著を含む）に『英国紳士 vs. 日本武士』（創英社／三省堂書店、2014年）、『GENTLEMAN vs. SAMURAI』（第三企画出版、2017年）、『リーダーたる者の極意』（プレジデント社、2015年）、『NPSの神髄』（東洋経済新報社、2017年）、『経営思想としてのNPS』（東洋経済新報社、2016年）、『「十八史略」に学ぶリーダー哲学』（東洋経済新報社、2019年）、『「三国志」に学ぶリーダー哲学』（東洋経済新報社、2021年）他。

『名将言行録』に学ぶリーダー哲学

2021年6月11日発行

著　者——川﨑　享
発行者——駒橋憲一
発行所——東洋経済新報社
〒103-8345　東京都中央区日本橋本石町 1-2-1
電話＝東洋経済コールセンター 03(6386)1040
https://toyokeizai.net/

装丁・ＤＴＰ…アスラン編集スタジオ
編集協力………渡辺稔大
印刷・製本……藤原印刷
編集担当………井坂康志

Printed in Japan　　ISBN 978-4-492-96191-9